AF341750

DU PROJET
DE REMBOURSEMENT
OU
DE RÉDUCTION
DES RENTES.

DU PROJET

DE REMBOURSEMENT

OU

DE RÉDUCTION

DES RENTES,

PAR

ARMAND SÉGUIN.

Troisième Édition.

A leur naissance, les fautes financières n'apparaissent que comme un point de mirage. Bientôt elles engloutissent tout ce qu'elles enveloppent.

« Tout est lié dans le bien comme dans le mal;
« dans le vrai comme dans le faux : entrez dans la
« bonne voie, tous les résultats sont bons; égarez-
vous dans la mauvaise, tout vous tournera à mal. »

(DISCOURS de M. le ministre des finances, relativement à la réduction des rentes.)

PARIS,

GUIRAUDET ET GALLAY, IMPRIMEUR ET LIBRAIRE,

RUE SAINT-HONORÉ, N° 315, VIS-A-VIS SAINT-ROCH.

AVRIL 1824.

AVERTISSEMENT.

Cet opuscule est tiré d'un ouvrage qu'on imprime en ce moment, qui paraîtra prochainement, et dont la publication ne se trouve retardée qu'à raison du grand nombre de tableaux qu'il renferme.

Cet ouvrage a pour titre :

Considérations sur les systèmes qui ont été suivis dans l'administration des finances de la France ;

Présentant des vues générales sur les divers élémens de la fortune publique ;

Et terminées par la proposition d'un nouveau plan de finances ,

Tendant à procurer ,

A l'État , d'immenses ressources ,

A tous les propriétaires et contribuables , une amélioration importante dans leur fortune ,

Aux émigrés dépouillés de leurs propriétés , de justes et convenables indemnités.

Le but de l'ensemble de cet ouvrage a été,

De placer nos conceptions financières au centre d'une sphère à diamètre assez étendu pour y comparer les bases et les résultats du passé, du présent et de l'avenir;

D'approfondir et de bien peser les motifs de sécurité des uns, les motifs d'inquiétude des autres;

De les balancer et de les arrêter invariablement;

De s'assurer de la possibilité de maîtriser tous les événemens à venir, déduits du plus grand ordre des probabilités;

Enfin, de fonder définitivement le bien-être de tous, sans exception.

L'introduction de cet ouvrage est ainsi conçue :

INTRODUCTION.

Je rédige cet écrit avec la sensation que la réalisation de son objet est le seul fleuron que la

France pourrait désirer encore à la couronne de notre monarque adoré, et de nos princes chéris.

Conforter efficacement la prospérité de l'État, en satisfaisant à un acte de justice, déjà consacré par d'augustes témoignages, est une réunion de circonstances heureuses qui se rencontre rarement, et que jamais ne laissent échapper des Bourbons.

La dignité du trône; la haute splendeur de tout ce qui doit l'environner; l'état actuel de la civilisation de l'Europe; la justice; l'intérêt incontestable et très-important de la plupart des propriétaires fonciers qui, par suite d'une mesure sage, équitable et politique, doivent voir disparaître une détérioration trop prononcée dans une fortune de plus d'un milliard; la situation présente et future des contribuables; enfin, la prospérité générale de l'Etat, ont suggéré mon plan, et ont présidé à sa rédaction.

C'est sans doute par ces motifs qu'il me luit plus encore qu'aucune des conceptions heureuses dont le Ciel m'a, dans ma vie, favorisé en assez grand nombre.

Suivant moi, il peut devenir la clef de l'édifice social.

A l'époque de sa réalisation, une ère nouvelle, resplendissante pour la France, me semble devoir augmenter sa prépondérance.

En France, nos besoins, même exagérés, sont, on n'en peut disconvenir, inférieurs à nos ressources réelles.

La sage direction d'emploi y est dès lors encore plus désirable qu'une parcimonie trop souvent germe d'inertie.

Pour des Français, n'est-ce pas là l'équivalent du levier d'Archimède?

N'étouffons donc pas, par des résistances d'un intérêt étroit, des germes réels de splendeur nationale.

Ayons le bon esprit de savoir enfin apprécier et savourer avec fruit les faveurs de tous genres que le Ciel nous a prodiguées.

En général, pour recueillir, il faut semer.

Combien, dans notre position, l'influence de cette vérité peut acquérir d'intensité par le concours de *l'à-propos.*

Saisissons la donc; et, par suite,

Suspendons irrévocablement, par des engagemens aussi sacrés que doivent l'être ceux de la Charte, toutes créations de nouvelles rentes, jusqu'au moment où, l'amortissement ayant rempli son objet, celles qu'elle possédera seront définiti-vement annihilées.

Créons un fonds de réserve de six cents millions, uniquement destiné à sauver l'Etat en cas de péril imminent.

Faisons droit à de justes réclamations que notre intérêt réel et bien entendu nous porte non seule-lement à ne pas repousser, mais même à prévenir.

Réalisons des vœux consacrés par d'augustes ex-pressions,

En fixant irrévocablement, à des époques inva-riables :

La suppression

De l'impôt sur le sel ;
Des droits réunis ;
De la loterie ;
Du droit de patente ;
De l'impôt mobilier ;
Et de celui des portes et fenêtres ;

L'allégement

De l'enregistrement ;
Des douanes ;
Et de l'impôt foncier, jusqu'à concurrence du cinquième de son montant actuel en capital et en centimes additionnels.

Que ces 400,000,000 fr. de suppression de charges annuelles soient même indépendans de toutes diminutions désirables, mais peu probables, dans les dépenses administratives.

Que surtout toutes ces améliorations, en apparence gigantesques, s'effectuent sans altération dans l'essence de nos budgets, et de telle sorte que leurs sources vivifiantes soient à peine appréciables pour chacun des membres de la société.

Je le déclare avec assurance, et sans crainte d'être, par suite, taxé de démence, ce plan n'est pas un rêve.

Les écarts d'une imagination romanesque n'y entrent pour rien.

La raison, la convenance, et la rectitude des chiffres y ont seuls présidé.

Veuillons franchement faire le bien.

Là, seulement, se rencontrerait la difficulté.

L'ayant franchie,

Je poserais, comme second point de départ, cette vérité qui, pour moi, est tellement démontrée, que, s'il le fallait, j'en ferais reposer sur ma tête toute la garantie :

Nous le pouvons.

Dès lors, la conscience de tous, car je ne veux

voir en France que d'honnêtes gens, s'écriera, en adoptant le plan :

Nous le devons.

Il se trouve aussi dans l'ouvrage quelques idées éparses qui ont un rapport indirect avec la conception de cet opuscule.

Les solutions financières, déduites de bases vraies et directes, n'exigent, pour être comprises, que de l'intelligence, de la bonne volonté, de l'attention, un sens droit et sain, et la connaissance des premières règles de l'arithmétique.

Dès lors on peut tout aussi-bien se rendre compte des finances d'un grand État, et même les apprécier et les juger, qu'on le fait journellemeut relativement à des recettes de l'intérieur le plus restreint.

Bien convaincu que, dans l'intérêt commun, cet examen ne saurait être trop généralisé, j'ai apporté un grand soin à rendre clairs et facilement intelligibles tous les élémens de mes démonstrations.

Si, comme je l'espère, j'ai atteint ce but, mes lecteurs, même ceux habitués à ne parcourir que des yeux, me comprendront sans étude pénible.

Toutefois, j'oserai, en raison de la haute importance des objets traités dans cet écrit, réclamer une attention soutenue de la part de ceux qui savent, par expérience, que les maux passagers se supportent avec d'autant plus de résignation et de courage, qu'on peut entrevoir, avec certitude et sans illusion, l'époque où ils doivent enfin cesser, et où l'on peut, pour soi et pour les siens, renaître au bonheur et à la prospérité.

Quant aux personnes qui, trop avares de leurs occupations futiles, n'en veulent sacrifier aucune, même à la réalité de leur bonheur, qu'elles ne s'en détournent pas : heureusement leur concours n'est nullement nécessaire à l'effectuation du bien.

D'après le compte rendu dans plusieurs journaux des éditions de quelques unes des propositions traitées dans cet écrit, on pourrait supposer que j'aurais résolu le problème de tout payer sans puiser dans la bourse de personne.

Malheureusement l'influence de ma bonne étoile ne s'étend pas encore jusqu'à ce degré de perfection.

Jamais je n'ai perdu de vue cette vérité, bien certainement incontestable, que, dans tous les systèmes de finances, tout ce qui sort de la caisse du trésor royal, pour quelque emploi que ce soit, est sorti ou doit sortir, un peu plus tôt, un peu plus-tard, des caisses des contribuables ; qu'ainsi toute recherche de secours réels et absolus, autres que ceux qui proviendraient directement ou indirectement des contribuables, ne serait au vrai qu'une prétention ridicule à la découverte de la pierre philosophale.

Lorsqu'une partie du système est attaquée, il y a courage, et surtout avantage à faire l'amputation partielle avant que le mal n'ait fait des progrès et n'ait empiré.

Ceux-là sont les plus ennemis d'eux-mêmes qui, pour éviter un débours instantané, se prêtent volontiers à s'engager dans l'avenir pour des sommés bien plus considérables.

Ceux-là sont les plus amis d'eux-mêmes qui n'oublient jamais que l'*opportunité* de certains paiemens est souvent plus *fructifère* que les *délais* dont on jouit par leur ajournement.

Il existe dans la marche financière des États quelque analogie avec la parabole d'un projectile.

Les finances de la France peuvent être en ce moment considérées sous cet aspect.

Dans une telle position, il suffit, pour obtenir des améliorations, de joindre à la possibilité de le faire, qu'heureusement nous avons, le *vouloir*

prononcé d'agir et de réussir : non ce *vouloir in-
constant* qui s'épouvante de tout obstacle, de
toute résistance , de toute durée d'exécution ;
mais ce *vouloir opiniâtre* qui ne croit pas avoir
achevé son ouvrage, tant qu'il entrevoit quelque
amélioration possible.

En finances , plus encore qu'en toutes autres
combinaisons où le temps entre comme élément
indispensable, trop souvent le précipice est déjà
profondément creusé, au moment où l'on com-
mence à entrevoir son existence.

Si, en 1780, la bonne étoile de la France eût
permis que cette vérité fût suffisamment appré-
ciée , l'année 1789 aurait pris dans l'histoire une
bien autre teinte.

Il est en outre , dans cette partie , plusieurs
sources de maux dont l'action peut se comparer à
celle d'un fer rouge, dont la sensation doulou-
reuse n'existe qu'après l'anéantissement de l'épi-
derme.

La nôtre s'est enfin recréée; mais elle n'est pas
encore suffisamment solidifiée pour l'exposer à de
trop rudes frottemens.

La juste appréciation des conséquences des combinaisons financières doit nécessairement être goûtée de ceux qui, habitués à comparer et à juger les événemens, savent qu'en politique comme en finances, comme dans la vie privée, un seul moment d'ambition, d'avidité, d'incapacité, d'incurie, ou même d'irréflexion, est souvent, pour les États comme pour les particuliers, la source éloignée, mais inévitable, des bouleversemens et des tourmentes.

Dans un grand État tel que la France,

Les moindres déviations financières peuvent apporter d'énormes différences dans les résultats.

Puissions-nous ne jamais mériter le reproche d'avoir eu, dans des objets qui nous intéressaient si immédiatement,

Des yeux pour ne pas voir, et des oreilles pour ne pas entendre !

Ceux qui peuvent un jour éprouver le besoin de recourir à de nouveaux prêteurs ont intérêt à ne pas oublier qu'il est toujours dangereux de frustrer le juste espoir d'une précédente confiance,

Démontrer la possibilité, revêtue d'immenses avantages pour l'État, de la réalisation d'un sentiment intime de justice, c'est satisfaire tous les intérêts et détruire un cercle d'illusions, de tergiversations et d'ajournemens qui ne pourraient davantage être présentés comme aliment qu'à des âmes faibles qui n'auraient pas été retrempées par trente années de tourmentes.

Il n'y a qu'un plan d'ensemble bien combiné, bien mûri, et exécuté de toutes parts avec une conviction d'amélioration évidente et assurée, qui puisse nous sortir enfin du cercle vicieux dans lequel les contribuables, *lésés outre mesure*, ne peuvent même pas jouir, comme bien faible soulagement, de la *douce illusion* (je suppose à tous un sens droit et sain) *d'entrevoir avec certitude le terme de leurs souffrances.*

Fais ce que dois ; arrive que pourra.

A leur naissance les fautes financières n'apparaissent que comme un point de mirage. Bientôt elles engloutissent tout ce qu'elles enveloppent.

Armand SÉGUIN.

DU PROJET

DE REMBOURSEMENT

OU

DE RÉDUCTION

DES RENTES.

En raison de l'extrême importance des questions renfermées dans cet écrit, je les traiterai sous leurs divers aspects.

Des réductions de rentes ont été suggérées, il y a près de quarante ans, par M. Necker, *comme moyen de ressources.*

En Angleterre, des réductions de rentes ont trouvé des *prôneurs*, et y ont été réalisées.

J'apporterai donc d'autant plus de soin à cette discussion, que les résultats d'une telle mesure, malheureusement enveloppée de *prestiges* dont on a peine à se défendre, pourraient *décevoir* notre attente.

2

En général, le gouvernement doit, dans ses dispositions financières, équilibrer

Les besoins de l'État,
Les intérêts fonciers,
Les intérêts mobiliers,
Et les intérêts industriels.

La première condition de ses conceptions en ce genre doit être le *salut et la prospérité de l'État.*

Pour lui, comme pour tous les gouvernés, ce doit être là la *loi suprême.*

Si, en atteignant ce but, la mesure financière sert en même temps l'intérêt général et l'intérêt particulier, elle ne laisse rien à désirer.

Mais si, *forcément,* l'intérêt individuel doit être lésé par la mesure financière, il faut, au moins, qu'il existe un juste équilibre de répartition dans le résultat.

Ainsi, s'il doit s'ensuivre un bien individuel, il faut que ce bien soit proportionnellement réparti entre les intérêts fonciers, mobiliers et industriels.

S'il doit, au contraire, en résulter un désavantage, il faut, de même, qu'il soit proportionnellement réparti entre les intérêts fonciers, mobiliers et industriels.

Une réduction d'un cinquième sur les intérêts de nos cinq pour cent serait-elle équitable? Améliorerait-elle définitivement notre position financière ?

La plus-value de charges qu'ont à supporter les contribuables a pour première source

L'impérieuse nécessité.

La sollicitude du gouvernement tend heureusement à en alléger l'énorme fardeau.

Une réduction à 4, de nos 5 pour cent, pourrait-elle concourir au résultat de notre désir?

Cherchons à éclaircir cette question financière, qui, dans son ensemble, mérite, sous tous les rapports, d'occuper le premier rang parmi celles qui ont été discutées depuis la restauration.

Je mettrai de côté dans ces recherches ce qui toucherait la *légalité* de la réduction.

J'admettrai, contre mon *opinion*, que si le gouvernement veut la réduction, c'est qu'il a légalement, et surtout *consciencieusement*, le *droit* de l'effectuer.

Ce à quoi je m'attacherai principalement, ce sera de rechercher si l'Etat, surtout dans la position où se trouve en ce moment la France, a, *finalement*, intérêt à user de ce droit.

Je mettrai également de côté cette question, que ma *sensation* résoudrait *négativement :*

En supposant qu'il fallût pour la réduction une première mise de fonds considérable, le gouvernement pourrait-il *directement* ou *indirectement* se la procurer?

A quèl prix l'obtiendrait-il?

Depuis dix ans les secours d'argent, réels ou *d'interposition,* ont été pour nous bien *pesans.*

Puisse le Ciel nous préserver d'avoir, de nouveau, à tomber dans un tel *précipice!*

Heureusement, la nécessité de l'encaissement d'une réserve de plus de trois milliards, qu'exigerait l'offre *franche* et *loyale* de remboursement (1), pourrait ne pas exister si, soit par la force des choses, soit par celle de combinaisons bien entendues, le cours des cinq pour cent s'élevait et se *maintenait,* avant l'exécution du plan, au-dessus de 101 fr.

A ce taux, tous les propriétaires des cinq pour cent pourraient se classer en deux catégories.

Les uns persévéreraient dans le placement de leurs fonds en rentes sur l'Etat : dès lors, *bon gré mal gré,* ils consentiraient à la réduction.

Les autres voudraient sortir de ce genre de placement : dès lors ils vendraient leurs cinq pour cent sur la place, au-dessus de 100 fr. avant l'exécution du plan, plutôt que d'en attendre le remboursement à 100 fr.

---

(1) Les estimations les plus élevées de la monnaie circulante en France n'ont jamais dépassé 2,500,000,000 fr.; pour assurer l'opération, il faudrait avoir en caisse 2,809,605,320 fr. Tout le numéraire de la France n'y suffirait donc pas.

Ainsi, quels que soient les mobiles de direction des propriétaires de rentes, *tous*, sans exceptions, alors qu'il s'agirait d'opter, consentiraient à la réduction.

Dès lors *tout* se consommerait facilement, *directement*, sans *bourse délier*, et sans le secours d'aucune *caisse étrangère*.

Seulement, il serait indispensable qu'entre l'annonce et l'exécution du plan, il s'écoulât un laps de temps suffisant pour que les propriétaires *récalcitrans* trouvassent sur la place les occasions de réaliser la vente de leurs cinq pour cent au-dessus du cours de 100 fr.

A cet égard *l'abondance* ou la *disette* du comptant sur la place seraient des indices certains, pour le gouvernement, du choix du moment où il pourrait, *avec sécurité*, mettre son plan à exécution.

Si donc, comme cela semble maintenant certain, le gouvernement a la volonté de réduction, toute sa sollicitude doit tendre :

1° A amener le cours des cinq pour cent au-dessus de 100 fr. et à l'y maintenir;

2° A donner aux propriétaires des cinq pour cent, qui seraient dégoûtés de ce genre de placement, le temps suffisant, et, autant que possible, les *occasions* de les vendre sur la place au-dessus de 100 fr.

Dès lors l'exécution du plan deviendrait probable.

Dans tous les cas , il est présumable qu'immédiatement après la connaissance légalement-acquise de la volonté de réduction , les spéculateurs ne considéreront plus les cinq pour cent que comme une représentation *réelle,* quoique non nominale, des quatre pour cent , sauf une légère plus-value , de telle sorte que , le lendemain du jour où la réduction sera revêtue de la sanction de la loi, le cours coté des quatre pour cent devra être, à un franc près, le même que le cours coté la veille des cinq pour cent.

Sans pouvoir garantir cette probabilité, on peut cependant entrevoir que tel devra être l'un des puissans mobiles des spéculateurs *expérimentés.*

Il est présumable, d'après quelques renseignemens qui semblent fondés, que la réduction aurait lieu par échange de cinq mille francs de rentes (cinq pour cent), contre quatre mille francs de rentes , en *trois pour cent constitués au taux de cent francs , mais cependant donnés en échange au taux de soixante-quinze francs.*

S'il devait en être ainsi, les propriétaires des cinq pour cent, déterminés à ne pas abandonner ce genre de placement, trouveraient dans le mode de réduction par échange plusieurs genres d'avantages.

D'abord, ils y puiseraient la confiance qu'ils ne seraient plus exposés à de nouvelles réductions, et l'assurance que, si jamais on en projetait d'autres, ils s'en trouveraient dédommagés en recevant cent trente-trois francs de capital, au lieu de cent francs.

En second lieu, ils puiseraient dans un ordre de probabilités bien raisonnable l'espoir que le taux de 75 fr., auquel leur seraient accordés les trois pour cent, étant de convenance au-dessous du pair, se trouverait promptement dépassé par leur taux *réel* sur la place, qui leur procurerait, s'ils voulaient alors *réaliser*, un bénéfice *important*.

Quant à l'élévation du cours au-dessus de 100 fr. et à son maintien au-dessus de ce taux, ils me semblent une suite indispensable de la connaissance *légale* qu'on pourra avoir du plan.

Dès lors, en effet, tous les intérêts, sans nulles exceptions, tendront à l'élévation du cours :

Le gouvernement, parce que *cette élévation assurera, sans bourse délier, la réduction des rentes*,

Les propriétaires des cinq pour cent, parce que, soit qu'ils persistent dans ce genre de placement, soit qu'ils veuillent en sortir, *l'élévation du cours leur sera profitable ;*

Les acheteurs des cinq pour cent, parce que leur mobile d'achat sera , ou la *convenance* du placement , même avec réduction , ou l'*espoir* que *le cours des trois pour cent s'élèvera bientôt au-dessus de soixante quinze-francs, et pourra même atteindre leur pair.*

Il semble donc probable que , dès l'instant qu'on sera assuré que le gouvernement a *définitivement* arrêté le principe de réduction , le cours des cinq pour cent se fixera au-dessus de 100 fr. , ne baissera plus au-dessous , et ne comportera plus , jusqu'au moment de l'exécution du plan , que des *chances d'oscillations en hausse.*

Ces oscillations , influencées par une réunion d'intérêts de *même nature*, n'auront de nuances que dans leur *intensité.*

Mais sous l'aspect du désir ou de la croyance d'*amélioration,* l'exaltation et l'enthousiasme peuvent-ils facilement s'apprécier ? ne cessent-ils pas d'être influencés par le calme de la *raison ?* n'obéissent-ils pas trop facilement aux perspectives du *désir* et de l'*espoir ?*

Dans de telles positions, les *craintifs* , veut-on même les *prudens*, sont peu nombreux : le plus grand nombre, ayant intérêt à la hausse , la voyant s'opérer graduellement , et sans pas rétrogrades ,

autres que ceux résultans d'oscillations momentanées et de positions, *désirera, espérera* la hausse,
et par cela même y *contribuera* d'autant plus
efficacement qu'on n'aura à lutter contre *aucun
intérêt,* et surtout contre *aucun genre de puissance.* (1)

« Le plan du projet, dit M. le ministre des fi-
« nances, a été conçu dans les termes les plus
« simples.

« Il tend à autoriser la substitution des trois
« pour cent aux cinq pour cent, soit par conven-
« tion volontaire, soit par la négociation des trois
« pour cent, afin de rembourser les cinq pour
« cent.

« Il place les limites dans lesquelles le ministre
« chargé de l'opération pourra agir, et hors des-
« quelles il ne lui sera plus permis de procéder.

« La première de ces limites est dans l'intérêt
« des rentiers; ils devront tous avoir l'option en-
« tre le remboursement nominal de leur capital,
« ou la conversion des cinq pour cent dont ils
« sont porteurs, en trois pour cent à 75 francs.

« La seconde est en même temps une garantie

____

(1) J'en étais là de l'impression, lorsqu'a été prononcé le
discours de M. le ministre des finances. Ayant maintenant
sous les yeux ce discours, je substituerai, dans le cours de
ma discussion, des données positives à des probabilités.

« pour les rentiers, que le ministre ne pourra né-
« gocier les trois pour cent qu'ils auront refusés
« qu'au même taux de 75 francs, et une garantie
« pour l'État que l'opération ne pourra avoir lieu
« qu'autant qu'elle donnera pour résultat définitif
« la réduction d'un cinquième sur les intérêts de la
« dette convertie ou remboursée.

« Enfin la dernière limite posée est commandée
« par la nécessité ; c'est la part faite au secours in-
« dispensable pour une opération aussi colossale,
« et aux termes que les circonstances peuvent ob-
« liger à prendre pour les remboursemens : la
« jouissance, pour le trésor, des bénéfices par la
« réduction, ne pourra être retardée au delà du
« 1er janvier 1826. »

En partant de ces bases, l'ordre des probabilités
sur lequel reposeront les résultats de l'opération
se resserre dans un cercle extrêmement étroit.

Je vais donc l'envisager sous ses trois aspects :

Sous celui qui intéresse les *rentiers*,
Sous celui qui intéresse les *traitans*,
Sous celui qui intéresse le gouvernement et
conséquemment les *contribuables*.

La première disposition administrative après
l'adoption de la loi sera sans doute de donner aux
possesseurs de rentes un temps suffisant pour opter
entre la réduction ou le remboursement.

Si, pendant ce laps de temps, le taux des cinq

pour cent se maintient sur la place au-dessus de cent francs, et si les rentiers ne peuvent pas craindre que les trois pour cent baissent au-dessous de 75 fr., aucun porteur ne demandera son remboursement; tous, au contraire, déclareront qu'ils consentent à la réduction.

Nous venons de le démontrer d'une manière évidente.

La réunion de tous les intérêts porte à croire que la rente se maintiendra au-dessus de ce prix, pendant tout ce laps de temps.

Nous croyons encore l'avoir complètement démontré.

Dans une telle position, on n'aurait besoin d'aucun secours pécuniaire; tout se réduirait à des *reviremens d'écriture.*

Dès lors, les traitans n'auraient définitivement d'autres rôles à jouer que celui de *spectateurs commodément placés.*

Comme dédommagement de cette savoureuse, commode et énivrante position, dans une opération qui, en la supposant *sanctionnée*, n'exigera probablement d'autres débours que ceux nécessaires à des spéculations particulières, basées sur la connaissance, peut-être même sur la *suggestion* d'une combinaison concertée de longue main, les traitans obtiendraient une somme équivalente au montant de la réduction obtenue et opérée depuis le moment de l'adoption de la loi, jusqu'au 1er janvier 1826, et qui , en supposant que l'adoption ait lieu en mai , s'élèverait à

42,826,755 fr.

Un tel droit de présence ne serait-il pas *exagéré,* *exorbitant* et *intolérable,* même pour les classes d'individus qu'on taxe, à tort ou à raison , d'une *exigence de rétribution* réprouvée depuis des siècles ?

La *prévision* d'un second accaparement si *fructifère* remonterait-elle au l'époque de l'adjudication des 23 millions ?

C'est avec cette *sensation* que je disais , relativement à cette négociation :

« Les maisons que l'on cite comme pouvant se « prêter à l'exécution de la négociation ont, en « *fait* et en *crédit,* des moyens imposans.

« *Veuille le Ciel qu'elles* amalgament l'amé- « lioration de leur position avec l'amélioration de « la nôtre ! »

Après avoir dit que notre rente a dépassé le pair, Monsieur le ministre des finances observe avec raison que ce haut prix est un dommage pour la caisse d'amortissement ;

Et il ajoute :

« Une administration prévoyante devait chercher
« les moyens les plus justes et les plus efficaces pour
« faire cesser ce dommage : vous auriez eu le droit
« de lui demander compte de son incurie, si elle
« fût restée indifférente à des faits trop liés à l'in-
« térêt général et au développement de la richesse
« publique pour ne pas attirer toute son attention. »

L'intention est *louable :*

Reste à savoir si le plan atteindrait le but ;

S'il ferait disparaître le *dommage* dont on se
plaint ;

S'il parviendrait, enfin, à faire ce qui, jusque
alors, paraissait impossible, à concilier les intérêts
des rentiers avec ceux des contribuables ?

Tels auraient dû être les problèmes à résoudre.

Tels devraient être les *résultats* à obtenir.

A cet égard, les *difficultés* étaient grandes.

En général, l'intérêt des rentiers, et l'intérêt des
contribuables représentés par la caisse d'amortissement qui n'est que leur mandataire, ont des directions inverses.

C'est ce qui m'a fait dire dans un précédent ouvrage :

« Pécuniairement, les contribuales auraient in-
« térêt à la baisse.

« Pécuniairement, les rentiers auraient intérêt
« à la hausse.

« Numériquement, ces intérêts opposés se ba-
« lancent exactement.

« Il existe cependant entre eux une différence
« de nuance bien prononcée.

« L'intérêt pécuniaire des contribuables à la
« baisse est absolu.

« L'intérêt pécuniaire des rentiers n'est que re-
« latif ; il n'existe qu'au moment de la réalisation
« du capital primitif ; dans l'intervalle, la quo-
« tité de revenu n'en éprouve aucun changement.

« La hausse est *perte* pour les contribuables.

« La hausse est *bénéfice* pour les propriétaires
« de rentes.

« Doit-on désirer perte pour les uns et gain pour
« les autres ?

« Serait-il possible qu'aucun ne fût lésé, et que
« chacun trouvât son compte en résultat ?

« Cet équilibre serait la perfection. »

Je le dis avec le *sentiment de la plus intime
conviction*, et avec un *épanchement de déférence
bien pur d'intention* :

*La réduction projetée, loin de nous rappro-
cher de ce but si désirable, nous en éloignerait,
en nous faisant suivre une direction inverse.*

L'intention que proclame monsieur le ministre

des finances d'alléger, par l'exécution de son plan, le dommage qu'occasione le rachat au-dessus de 100 fr., doit faire présumer qu'il croit et qu'il espère que les trois pour cent *baisseront* sur la place au-dessous de 75 fr., et resteront dans cet état de *détérioration*.

En effet, si les trois pour cent se maintenaient à 75 fr., il n'y aurait pour l'amortissement aucune *amélioration* dans la *fortune publique*.

Si les trois pour cent s'élevaient au-dessus de 75 fr., la fortune publique, au lieu de se trouver *améliorée* par l'amortissement, se trouverait au contraire *détériorée*.

Certes il ne peut entrer dans l'idée de personne que monsieur le ministre des finances, en disant qu'il a adopté le plan parce qu'il a été persuadé que c'était le seul moyen de réparer le dommage occasioné à la fortune publique par l'élévation du cours des cinq pour cent au-dessus de 100 fr., n'ait pas entrevu un genre quelconque d'amélioration.

Cependant, il est incontestable qu'il ne pourrait en résulter une pour les contribuables, sous l'aspect de l'amortissement, qu'autant que les trois pour cent ne s'élèveraient pas au-dessus de 75 fr., qui correspondent aux 100 fr. des cinq pour cent réduits.

D'où l'on doit conclure que monsieur le ministre des finances croit à la baisse, au moins à un cours stationnaire de 75 fr.

Mais comment accorder cette opinion avec cet autre énoncé de son discours, que les nouveaux titres « peuvent s'améliorer en capital jusqu'à ne « plus porter qu'un intérêt de trois pour cent ».

Sans nous arrêter à cette apparence de contradiction, admettons, *ce qui soulagerait les contribuables*, qu'il faut regarder comme constant que monsieur le ministre des finances *entrevoit*, et même que, dans l'intérêt de la fortune publique, il désire la *baisse* des trois pour cent au-dessous de 75. fr.

Toutefois, en faisant cette concession, nous devons, par réciprocité, supposer quelque peu de *perspicacité* parmi les *propriétaires*, les *vendeurs* et les *acheteurs* des cinq pour cent.

Tous doivent dès lors faire ce raisonnement :

Monsieur le ministre des finances veut réparer le

dommage qu'éprouve la fortune publique par l'élévation du cours des cinq pour cent.

Il ne peut, dit-il, y parvenir que par la réduction des rentes.

Mais, secondairement, pour atteindre son but,
il faut, nécessairement, que les trois pour cent
baissent au-dessous de 75 fr. : car, autrement, le
dommage, loin d'être *réparé*, serait *aggravé*, et
la *volonté* du ministre ne serait pas *faite.*

Dans cette position, le ministre doit désirer la
hausse avant l'exécution du plan. Mais il doit désirer la *baisse* après cette exécution.

Ses moyens sont plus *puissans* que les nôtres.

Notre raison nous commande donc de suivre
l'*impulsion.*

Voici dès lors la résolution *réfléchie* qu'on doit
supposer à chacune des parties intéressées.

Les propriétaires des cinq pour cent vendront,
s'ils le *peuvent*, leurs rentes au-dessus de 100 francs
sur la place, avant le remboursement qui leur en
serait fait à 100 francs par l'exécution du plan,
dans l'espoir que, conformément aux intérêts de
la fortune publique, exprimés par M. le ministre
des finances, les trois pour cent *baisseront* au-
dessous de 75 fr., et qu'alors ils se replaceront, avec

bénéfice, dans une position semblable à celle ou ils se fussent trouvés en acceptant la réduction.

Les acheteurs des cinq pour cent diront :

Si j'achète des cinq pour cent au-dessus de 100fr., j'aurai une perte assurée : car mon achat me représentera des trois pour cent à 75 fr. ; et leur cours doit *baisser* au-dessous de ce taux, puisque autrement le dommage de la fortune publique ne serait pas réparé, le but du ministre ne serait pas atteint, et sa prévision serait en défaut.

Les traitans se diront :

Si les *propriétaires* de rentes consentent à la réduction, nous n'aurons aucun débours à faire, et notre *commission* de 42 millions nous restera *acquise*.

Si, n'y consentant pas, ils n'avaient pas vendu leurs rentes sur la place , avant l'époque *fatale ,* nous deviendrions porteurs de trois pour cent.

Ce genre de propriété ne peut nous convenir au cours de 75 fr. , car monsieur le ministre des finances veut que le dommage soit réparé : il ne pourrait l'être qu'autant que le cours des trois pour cent *s'abaisserait* au-dessous de 75 fr.

En conservant des trois pour cent, nous devrions donc nous attendre à une *perte* certaine ; à moins que la prévision de monsieur le ministre des finances ne soit en défaut, ou à moins que le *motif* du dommage n'ait été qu'un *prétexte* pour couvrir *d'autres motifs*.

Dans une telle position, *l'exécution* du plan pourrait se trouver fortement *compromise*, par cela seul que *tous* voudraient être remboursés, et que les traitans, déjà *amplement nantis* de *bénéfices immenses*, résultans d'opérations *accessoires*, *concordantes* avec la *certitude* de *l'apparition* du plan, et *favorisées* par la *bienveillance* du *télégraphe*, déclareraient, *en cas de besoin*, conformément à leurs *intérêts*, probablement même à leurs *désirs*, vu le *danger* pour *eux* d'un *changement de position*, déclareraient, dis-je, sans pourtant avouer que le plan leur aurait au moins *servi* de *fausse attaque*, leur *impossibilité* de *satisfaire* aux *demandes*.

Alors le gouvernement reconnaîtrait, *trop tard*, qu'il s'était fait *illusion* en ajoutant foi aux *promesses* et aux *engagemens* des traitans.

En définitive, si le *remboursement est exigé*, ni le ministre, ni les traitans, ne parviendraient à y *satisfaire*.

Avec de la *bonne foi*, la prétention contraire ne serait pas soutenable ; *l'exigence* de la mise *en demeure* le prouverait *matériellement*.

Si la réduction est consentie, le ministre aurait pu, sans l'appui *ruineux* des traitans, parvenir à la *pleine* exécution de son plan.

En abandonnant ces compagnons de voyage, il aurait, par cela seul, diminué de plus de 40 millions le *dommage* qu'il signale dans la fortune publique.

Avec de tels *coopérateurs*, qui, sans être doués,

il s'en faut, de la science infuse , possèdent au moins cet *entortillage* de *séduction* qui , par la *voie* la plus *sûre, fascine* les yeux, souvent même la *pensée* et la *volonté,* et *éblouit* par des *prestiges,*

Gare au réveil!

N'aurions-nous donc pas encore suffisamment apprécié, à nos *dépens,* ce que *coûtent* de tels *guides !*

Une telle science ne serait-elle pas suffisamment payée par les *sacrifices* de plusieurs milliards qui *pèsent* déjà sur nos *têtes ?*

Comment tout cela finira-t-il ?
Dieu seul le sait.

En attendant , *espérons.*

Les chambres rempliront leur *honorable mission.*

Elles feront leur *devoir.*

Mais *nous,* à *tout hasard,* pour n'avoir plus de *reproches* à nous faire ,

A chaque pas , regardons en *arrière ,* pour mieux assurer notre *marche future,*

Ne retombons plus dans un état *maladif,*

N'ayons plus la *fièvre chaude,*

Ne redevenons plus *maniaques ,* par excès de

zèle, ou par notre *concours* et notre *appui*, bé-
névoles ou intéressés,

Et attendons, pour prendre notre *revanche*,
que de nouveaux besoins fassent enfin apprécier
*le danger de frustrer le juste espoir d'une pré-
cédente confiance.*

En général, tout débiteur déloyal ne trompe
qu'une fois; s'il a besoin de recourir aux personnes
trompées, il finit par payer, bien chèrement, le
bénéfice qui est résulté de sa déloyauté.

Pour obtenir un véritable *crédit*, il faut être
scrupuleusement fidèle aux engagemens qu'on a
contractés, quelque *lésion* qui puisse en résulter.

L'existence, dans le passé, de circonstances analogues, dont les ruineux résultats sont aujourd'hui
presque oubliés, ne pourrait, sous aucun rapport,
servir *consciencieusement* d'excuse.

Les résultats de toute discussion relative à des
débiteurs et à des créanciers doivent être rame-
nés aux élémens les plus simples. Celui à qui on
doit ne se laisse abuser ni par de grands mots, ni
par des *promesses* : il ne voit que le *matériel* de la
réalisation. Toutes les chances qu'on lui annonce
pour l'avenir entrent d'autant moins dans son calcul de paiement, que l'avantage qu'il peut y trouver est inhérent à la position de tout capitaliste,
et ne dérive conséquemment pas de sa position
de créancier.

En thèse générale, *le crédit public ne peut qu'être favorable à la fortune publique.*

Le gouvernement le prouvait en portant *sa sollicitude* sur *l'amélioration* du cours de ses valeurs.

Aujourd'hui cette sollicitude semblerait changer de *direction*.

La *hausse* du cours des cinq pour cent au-dessus du pair aurait été *jusqu'ici* le résultat du crédit public; *aujourd'hui* cette *hausse* serait *dommageable* à la fortune publique : donc *le crédit public serait préjudiciable à la fortune publique.*

Comment sortir de ce *dilemme*, à moins que de poser autant de principes qu'il existe de nuances dans les cours ?

Voilà pourtant où peuvent nous conduire certains genres de raisonnemens.

Monsieur le ministre des finances a donc bien eu raison de dire :

« *Tout est lié dans le bien comme dans le mal,*
« *dans le vrai comme dans le faux : entrez dans*
« *la bonne voie, tous les résultats sont bons ;*
« *égarez-vous dans la mauvaise, tout vous tour-*
« *nera à mal.* »

Dans cette circonstance, comme dans tant d'autres, l'on retrouve toujours la *besace* du bonhomme.

« L'abondance des capitaux, dit M. le ministre
« des finances, et le développement de notre crédit,
« ont fait baisser l'intérêt de l'argent. »

Cette proposition, dans son ensemble, serait
digne d'un profond examen.

La première recherche à faire serait de s'assurer
si l'abondance, *vraie* ou *apparente*, des capitaux
est *absolue*, ou si elle n'est seulement que *relative*.

D'abord, en considérant, depuis la restauration,
l'Europe dans son ensemble financier, il est incontestable que la masse du numéraire ne s'y trouve
pas augmentée dans une proportion qui dépasse
l'augmentation annuelle des années antérieures à
la restauration.

Pour qu'il en fût autrement, il faudrait supposer
des *exploitations* de nouvelles *mines :* il n'en a pas
existé.

Relativement à la position financière de l'Europe, on ne peut donc admettre que des *déplacemens* dans la masse du numéraire, et non aucune
augmentation absolue qui dépasse celle des années
anterieures à la restauration.

Quant à la France, on doit présumer, sans
trop d'invraisemblance, que la masse de son numéraire est *diminuée,* depuis la restauration, d'une
somme qui ne pourrait guère être évaluée au-
dessous de *six cents millions.*

Si donc il était réel qu'il existât maintenant

en France une augmentation de numéraire, il faudrait admettre qu'il en aurait été introduit depuis la restauration une quantité excédant les six cents millions, au moins, que nous ont coûté les subsides.

Mais quelle aurait été la *source* de cette augmentation de numéraire en France?

Ce ne pourrait être le résultat des *balances avantageuses* de notre *commerce extérieur*, qui, en supposant toutes les circonstances les moins défavorables, ont pu, à peine, alléger de cent millions notre perte de plus de 600 millions.

Resterait donc, comme seule source admissible,

L'appât offert aux *étrangers* par le taux *légal* de l'intérêt de nos transactions civiles, et par les taux *conventionnels* de l'intérêt de nos rentes.

Sous cet aspect la réduction aurait quelque analogie avec le *sacrifice* mal entendu de la *poule aux œufs d'or*.

Cette proposition me semble d'une si haute importance que, malgré mon désir de me resserrer, je ne puis résister au besoin d'entrer à son sujet dans quelques détails.

A ne considérer que le revenu, le pair des 5 pour 100 de France étant de 100 fr., et celui des 3 pour 100 consolidés d'Angleterre étant de même de 100 fr., pouvant, en France, se faire avec 100 fr. un revenu de 5 fr., il faudrait, en Angleterre, pour se faire un égal revenu de 5 fr., y consacrer 167 fr.

Ces rapports, *vrais* dans l'expression des chiffres, cessent cependant de l'être dans celle des négociations.

Celles-ci présentent, en effet, d'autres rapports, qu'on peut considérer comme les *réels*, et dont la moyenne expression, en nombres ronds et approximatifs, est de

5 pour 100 de France.   3 pour 100 d'Angleterre.

$$\frac{9}{} \quad \text{à} \quad \frac{8}{}$$

C'est-à-dire que, quand, en France, les 5 pour cent sont à 90 fr., les 3 pour cent, en Angleterre, sont environ à 80 fr., sauf les nuances momentanées des besoins et des sensations.

De ce premier état de choses résultent, nécessairement, ces conséquences :

Que peu de *fonds français* doivent passer en Angleterre pour s'employer en trois pour cent consolidés ;

Que beaucoup de *fonds anglais* doivent, au contraire, passer en France pour s'employer en cinq pour cent.

Cette nécessité d'une inégalité de capitaux pour

se procurer, en Angleterre et en France , un égal revenu , est l'indice d'une différence de quotité monétaire disponible.

En déduisant, sous ce rapport, les conséquences qui dérivent des positions respectives , on trouve que ,

La quotité de monnaie *disponible* en Angleterre est à la quotité de monnaie *disponible* en France, en nombre ronds et approximatifs, comme

$$3 \quad\quad \text{est à} \quad\quad 2$$

Dans une telle position de *rapport,* un Anglais qui voudrait placer des fonds en rente française autrait diverses *perspectives*.

S'il voulait jouir en Angleterre de son revenu , il l'aurait augmenté de 5o pour cent.

S'il voulait jouir en France de son revenu , il l'aurait augmenté de cent pour cent , savoir :

5o pour cent par le fait du placement ,

5o pour cent par le moindre prix des dépenses , à égalité de jouissances.

Il s'en faut de beaucoup que cct aspect soit de pure curiosité ; il a, *politiquement,* une importance très-réelle. Ses conséquences directes et in-directes sont donc dignes d'être *approfondies ,* et méritent, sous tous les rapports, de fixer l'*attention* du gouvernement.

Si , dans la réalité , cette *apparence* d'augmentation de numéraire en France n'était *réellemen* que le résultat d'une *diminution* bien *affligeante* du commerce et de l'industrie !

Pourrait-on en *tirer vanité !*

Ne devrait-on pas au contraire s'en *attrister ?*

Il est des personnes qui regarderont cette proposition comme *paradoxale.*

Pour d'autres, elle ne sera, *malheureusement,* que trop *évidente.*

« La réduction aura, dit monsieur le Ministre « des finances, le merveilleux effet de faire cesser « la différence désastreuse entre les produits des « capitaux employés dans la rente, et les produits « de ceux appliqués à l'agriculture, à l'industrie « et au commerce. Voulez-vous vivifier ces trois « soutiens de notre prospérité, dirigez vers eux « les capitaux, et faites qu'ils puissent les obtenir « au moindre intérêt possible : pour atteindre ce « but, cessez de leur faire, par le haut intérêt de « vos rentes, une concurrence qu'ils ne sauraient « soutenir. »

Le *fait vrai* est que, si les rentes emploient des capitaux qu'on désirerait voir utiliser en commerce, en agriculture, en industrie, c'est, soit parce que le commerce, l'agriculture et l'industrie, repoussent ces capitaux, comme leur étant inutiles ou superflus, soit parce que des considérations, *étrangères* à l'intérêt pécuniaire, établissent entre les rentes et ces capitaux une propriété *attractive* plus énergique

que ne peut l'être celle qui existerait entre les mêmes capitaux, le commerce, l'agriculture et l'industrie.

En effet, la loi accorde six pour cent d'intérêt aux capitaux consacrés à l'industrie et au commerce.

Or, comme les rentes, élevées au pair, ne donnent qu'un intérêt de cinq pour cent, il est évident que, si les capitaux *n'abandonnent* pas les rentes pour se consacrer à l'industrie et au commerce, c'est qu'ils y sont attachés par un autre *lien* que celui de l'intérêt pécuniaire.

Les *hommes industrieux* et les *rentiers* sont, pour ainsi dire, deux *mondes distincts*.

Les premiers fondent leur *bien-être* sur leurs *veilles*.

Les seconds le fondent sur leur *demi-sommeil*.

L'activité est le domaine des uns.

L'inactivité est le temple des autres.

Les uns *gravissent* la montagne de la prospérité.

Les autres *glissent* sur la pente rétrograde.

Dans tous les cas, la *diminution* des fonds consacrés aux rentes produirait dans leur *cours* un *abaissement* qui *ramènerait* promptement les mêmes fonds.

La *pratique* financière a un *niveau* contre lequel *échouent* toutes les *théories*, bien plus encore tous les *paradoxes*.

L'on ne peut donc espérer, relativement au *déclassement* des capitaux, plus d'*effet* de la réduction que de l'état actuel des choses sans réduction.

En général, ce ne sont pas le *plus haut* ou le *plus bas* taux de l'intérêt qui *classent* ou qui *déclassent* les capitaux : autrement, après un certain nombre de *reviremens*, le taux d'intérêts de toutes les sources deviendrait *uniforme*.

La preuve qu'il n'en est pas ainsi, c'est la différence des produits des capitaux consacrés aux biens ruraux, aux maisons d'habitations, aux prêts sur hypothèques, au commerce, à l'industrie, et aux valeurs de toutes natures qui circulent sur la place.

Pourquoi, dans le *système* d'*équilibre*, les bons du trésor *se négocieraient-ils* à *trois* pour cent, tandis que les rentes en rapportent *cinq?*

Le *débiteur* n'est-il pas le *même?* La *solidité* n'est-elle pas *semblable?*

Pourquoi ces bons procurent-ils même un intérêt moins élevé que celui de la banque?

Quelque raison qu'on puisse donner pour expliquer ces *nuances*, toujours serait-il vrai que ce seraient ces raisons mêmes, en les supposant fondées, qui *différencieraient* les résultats.

Ce serait donc un *rêve* que d'espérer qu'on *équilibrera* jamais les taux d'intérêts des capitaux consacrés à des emplois différents.

Il entre, dans le choix des placemens, des *élémens* que les partisans de l'équilibre *négligent* mal à propos : tels sont celui des *convenances* et celui du plus ou moins de *facilité*, du plus ou moins d'*embarras*, du plus ou moins d'*assurance* et du plus ou moins de *promptitude* de la *réalisation*.

La loi a fixé des *limites*. Personne ne *peut* ou ne *doit* les *dépasser*. Mais, au-*dessous* de ces limites, chacun fait à sa *guise*, et ne prend pour *boussole*, ni le plus ou moins d'*appât* que présente la situation de son voisin, ni la résolution plus ou moins *lucrative* d'emploi que ce voisin prend relativement au placement de ses capitaux.

Vouloir diriger ces choix serait *injuste*, *inconvenant*, *impolitique*, probablement même *impossible*.

Ce serait *favoriser* les *uns* aux *dépens* des *autres*.

Sous l'aspect des combinaisons d'intérêt que permet la loi, la *liberté* la plus *étendue* doit *exister*. On ne doit pas même, *prudemment*, chercher à l'*influencer*.

L'un *se ruine* ; l'autre *s'enrichit*.

Qu'importe à l'État, pourvu que la *masse* des *richesses* qui *constitue* sa véritable fortune ne *diminue* pas.

L'espoir que la réduction influencerait *avantageusement* les résultats de nouvelles *négociations* de rentes serait *déçu*, si ces négociations ne dépassaient pas 165 millions de rentes.

Avec des négociations moins importantes, *plus
la réduction aurait de latitude, plus le taux de
l'intérêt s'abaisserait, et plus la perte pour les
contribuables serait considérable.*

On conçoit en effet que la caisse d'amortissement,
ayant à racheter, par suite des précédentes négociations, une masse de rentes plus considérable
que la masse des nouvelles rentes à négocier, éprouverait d'autant plus de dommage que les nouvelles
négociations se feraient à des prix *moins élevés.*

Cette *vérité* suffirait pour faire *écrouler* tous les
appuis qu'on cherche à donner au plan.

Dans un Etat *vierge,* des *négociations* de rentes,
à bas prix, sont, *incontestablement, avantageuses* et *désirables.*

Dans notre *fâcheuse* position financière, des
négociations de rentes, à bas prix, ne peuvent,
en définitive, que nous être *préjudiciables.*

Au premier aspect, cette proposition semblera
sans doute *paradoxale.*

En faisant le *bilan général* de notre situation
financière, on reconnaîtra cependant que la proposition est *incontestable.*

« Plusieurs causes favorables, dit monsieur le

« ministre des finances , ont porté nos rentes au
« taux élevé où nous les voyons aujourd'hui.

« Parmi ces causes, quelques unes, telles que
« l'état de nos finances, les garanties que donnent
« nos institutions, notre ponctualité à satisfaire à
« nos engagemens, l'action continue et croissante
« de notre amortissement, nous appartiennent,
« et nous en conserverons les avantages.

« D'autres nous sont étrangères en partie, et dé-
« pendent des événemens.

« Notre crédit éprouve en ce moment les effets
« sensibles des circonstances transitoires , qui ,
« lors même qu'elles auront cessé, laisseront des
« traces utiles , mais dont il importe de profiter
« quand elles sont dans toute leur force, ainsi que
« la prudence veut qu'on *use* de tout ce qui est
« *accidentel* et *passager*.

« Au nombre de ces dernières circonstances , je
« ne citerai que l'élan donné à l'élévation du cours
« de nos fonds publics par la réussite de notre der-
« nier emprunt ; les opérations qui se font dans un
« Etat voisin , pour réduire l'intérêt d'une partie
« de la dette ; l'espèce de *fièvre à la hausse* qui
« s'est emparée de toute les places où se négo-
« cient les fonds publics de l'Europe ; et enfin la
« *manie des prêts*, qui a fourni depuis quel-
« que temps , à qui l'a voulu, la facilité de rem-
« plir des emprunts. »

Combien il existe dans ce peu d'alinéas de mots *significatifs*, propres à *réveiller* les *indolens*, même les *apathiques*, et à *titiller* leur *prévision engourdie !*

Si l'on pouvait admettre l'*infaillibilité* de qui que ce fût, combien cet ensemble de données ne devrait-il pas suggérer de *craintes ?*

Ne dénote-t-il pas *assez clairement* que,

Dans le *principe, les rentiers* seront *sacrifiés;*

Et que, *plus tard,*

Si l'envie leur prend enfin de réaliser, pour s'attacher à quelque autre placement moins sujet à des oscillations capricieuses, ils éprouveront une *seconde détérioration.*

« Vous pouvez emprunter à quatre et vous de-
« vez à cinq, dit M. le ministre des finances ; vous
« offrez aux rentiers actuels la *préférence* de la
« conversion ; et s'ils la refusent par *humeur ou*
« *par ignorance* de leurs véritables intérêts, vous
« usez de votre droit, vous les remboursez, et
« donnez à d'autres, aux mêmes taux, les effets
« que ceux-ci ont refusés. »

Quélle *flatteuse préférence !*

4

L'avenir prouvera si cette préférence, reportée, *le cas y échéant*, sur les traitans, préférence *en* apparence *jalousée* par *eux*, peut-être par *forfanterie*, au moins par *ruse de guerre*, serait *acceptée* par *eux*, sans *humeur*, *par ignorance de leurs véritables intérêts*, je ne dis pas avec *reconnaissance*, mais même *purement* et *simplement*.

Sans doute, dans une telle position, *à l'instar de la montagne qui accouche d'une souris*, ils donneraient une seconde *représentation* de la *résiliation*, en 1818, d'un traité analogue, d'une date trop récente pour que nous puissions en avoir perdu *souvenir*, et, avec le *tact financier* qui les distingue, ils se restreindraient aux *minimes* avantages d'acheter, par *masse*, en *baisse*, et de *revendre*, avec *prudence*, en *hausse*.

Si cette marche, qu'on nomme le pont aux ânes, n'est pas la plus *savante*, c'est au moins, bien certainement, la moins *chanceuse*, attendu que, relativement aux *cours* des rentes, les *oscillations* fréquentes, en *sens contraires*, sont une *donnée absolue*.

Quand il n'est question que de *réalisation* de *bénéfices*, le *zèle* des traitans semble *redoubler d'énergie*.

Existe-t-il quelque apparence de *risque, pru-*

demment ils se *retirent*, en parodiant l'un des jeux de notre enfance.

En thèse générale , tel est le *zèle* et le *dévouement* des *traitans* de tous les *temps* et de tous les *pays*.

Quoi qu'il en soit, il peut être consolant de penser qu'il existe des personnes qui *veulent plus notre bien* que nous ne le voulons nous-mêmes.

Sur tout cela, je disais dans des circonstances analogues :

Un homme qui avait annoncé qu'il en avalerait un autre disait, au moment où, ressentant le premier coup de dent, un *imprudent*, jetait les hauts cris :

« Monsieur n'a sans doute pas pu penser que je « l'avalerais sans le mâcher. »

La portion des rentes *consolidées* éprouverait, d'après la proposition de monsieur le ministre des finances, le même sort que les rentes non consolidées.

Ces rentes consolidées s'élevaient , dans l'origine , à. . . . . 118,190,481 fr.

On en a anéanti les deux tiers, sous une apparence de remboursement ; *aujourd'hui*, on en ferait *autant*, pour un *cinquième*, sauf l'option entre réduction et remboursement : option vicieuse dans sa base , soit pour le gouvernement, puisque si l'on opte le remboursement , l'exécution du plan est *impraticable* , et rentre dès lors dans la classe des *imaginaires* , des *forfanteries* attribuées , sans intention maligne , à la *gente gasconne ;* soit pour les propriétaires de rentes, puisque, si l'on opte la réduction, c'est qu'on y sera amené par une position forcée, combinée de longue main. Ainsi, en définitive , *alors* comme *aujourd'hui* , ç'a été un *anéantissement* pur et simple, avec des *prétextes* plus ou moins *plausibles* , mais au fond *réprouvés* par la *droiture* , la *justice* , et , surtout , par *l'intérêt bien entendu du plus fort.*

Quoi qu'il en soit, les 118,190,481 fr. de rentes ont été réduites à. . . . . 39,396,827 fr.

Aujourd'hui on les réduirait à . 31,517,462 fr.

De telle sorte qu'un homme qui, avant la *consolidation* , avait un revenu de. . . . . 15,000 fr.

de rentes , qui lui représentait
un capital de. . . . . 300,000 fr.

n'aurait plus aujourd'hui qu'un revenu de 4,000 fr.

de rentes, qui lui représenterait un capital de . . . . 100,000 fr.

Ainsi il aurait perdu les deux tiers sur son capital , et près des trois quarts sur son revenu.

L'affliction qu'il éprouverait de ces successions de réductions, qu'il pourrait penser avoir quelque analogie avec les résultats si *pronés* de ce qu'on désigne par la dénomination d'*intéréts composés*, devrait sans doute s'accroître par la vue de la position des adjudicataires des 23 millions, pour lesquels on semblerait avoir une *prédilection si marquée*.

Les 23 millions, au moyen des délais d'acquittement, leur seront revenus au taux de 86 fr. 20 c.

Ils n'auront donc eu, en réalité,
à débourser que. . . . .   400,111,111 fr.

On leur donnera, comme remboursement. . . . .   462,290,320.

Ils auront donc en bénéfice. .   62,179,209 fr.

Au moment de la réalisation de ce bénéfice, leur débours ne se sera encore élevé
qu'à. . . . .   160,044,440 fr.

De telle sorte que leur *commission* (n'importe le nom qu'on voudra lui donner) s'élèvera, pour un terme moyen de quatre mois, à 39 pour cent.

Est-il donc bien vrai que dans ce monde il n'y ait qu'*heur* et *malheur*?

Toujours serait-il vrai aussi qu'il n'a jamais existé de bonne étoile *durable*.

Un tel revirement ne pourrait-il pas apporter de grands préjudices à *ceux* qui s'y *confient*?

Qui trop embrasse mal étreint.

Icare fut puni pour avoir trop présumé de lui-même.

L'obscurité est préférable à certaines réputations, dont le souvenir ne rappelle que des sensations douloureuses.

Dans un tel état de comparaison, les rentiers se détermineraient-ils à admettre, comme *article de foi*, la proposition présentée à leur sujet par M. le ministre des finances ?

« Plus heureux (les rentiers *consolidés*) que « d'autres, les porteurs actuels de ces anciennes « rentes ont profité, et vont profiter encore de l'a- « mélioration que la restauration a portée dans la « valeur de leur capital. »

Les capitalistes, consacrant leurs fonds aux rentes, n'étaient sans doute pas *encore* des *maniaques à fièvre chaude*, lorsqu'ils concouraient, de tous leurs moyens, à *l'amélioration que la restauration a portée dans le capital des rentiers.*

Immédiatement ils le seraient devenus.

Ce serait un véritable changement à vue.

Alors comme *aujourd'hui,* sans doute, on voulait leur *bien.*

Seulement la tenacité de leur *état maladif*, de

leur *manie*, de leur *fièvre chaude*, a pu faire admettre quelque modification à la signification identique du mot *vouloir*.

En 1760, un homme avait 30,000 fr. de rentes.

En 1770, il s'est trouvé réduit à. . . . . 15,000 fr. de rentes.

En 1800, il s'est de nouveau trouvé réduit à. . . . . 5,000 fr. de rentes.

En 1824, il se trouverait enfin réduit à. . . . . 4,000 fr. de rentes.

Son capital primitif était de . . . 600,000 fr.

Son capital actuel ne serait plus que de. . . . . 100,000 fr.

Son placement primitif était à. . 5 pour o/o.

Au moyen de la succession des réductions, il ne serait plus aujourd'hui qu'à . . . . 2/3 pour o/o.

Quel *encouragement !*

Encore, si là se bornait le mal résultant de ce mode de placement.

Prochainement, je prouverai combien ses préjudices sont encore plus considérables.

C'est dans ce sens que je disais, en réponse à un écrivain qui engageait les fermiers et les cultivateurs à placer sur l'État leurs capitaux oisifs :

« Il est très-vrai que la manie des paysans d'en-

« fouir leur argent est ruineuse pour eux , et dom-
« mageable à la société. Ce serait un grand avan-
« tage pour *tous* que les fonds morts fussent
« placés en rentes ; mais il en serait tout autrement
« si le grand profit des effets publics enlevait à
« l'agriculture les capitaux qui lui sont néces-
« saires.

« Cela n'est pas à craindre , car l'agriculture est
« pour le cultivateur et pour l'État, et même pour
« les finances, l'emploi le plus lucratif des capi-
« taux.

« Malgré les gelées et les grêles, les sécheresses
« et les pluies, les incendies, les inondations, les
« vents, les orages et la foudre, que le *profes-*
« *seur* appelle à son secours pour épouvanter l'i-
« gnorant villageois qui aurait la *simplicité*
« de vouloir *améliorer* ses terres , malgré les
« bruyantes comparaisons et les graves erreurs de
« M. H...., toutes choses suivront leur cours na
« turel, l'ordre des saisons et les préjugés de la
« campagne continueront à marcher de compa-
« gnie , sans faire attention aux leçons et aux
« mercuriales des financiers de la capitale. »

Si ce genre de discussion ne présentait pas autant de gravité, la réduction rappellerait la situation si bien tracée par Molière dans son Bourgeois-
Gentilhomme :

Je vous dois cent mille francs, M. Jourdain :
réduisons l'intérêt que je vous paie, et je ne pour-

rai plus *m'acquitter, si l'envie m'en prenait,* qu'en vous donnant cent trente-trois mille francs.

Le *Moniteur* présente contre les argumens de ceux qui s'opposent au projet de réduction une proposition dont ils peuvent utilement s'emparer.

« Pour chaque 100,000 francs que le gouver-
« nement va rembourser, il n'a primitivement reçu
« que 50,000 francs peut-être, ou, au plus, que
« 88,000 francs, suivant les époques auxquelles
« remonte chaque emprunt ; et ce n'est pas à
« des époques tellement éloignées qu'on ait pu
« perdre la trace des énormes bénéfices qui en
« sont résultés pour les créanciers. Ils ont eu lieu,
« pour la plupart, dans une période de huit ans,
« depuis 1815 jusqu'à 1823. »

Et c'est avec des *allégations vagues* de cette nature qu'on cherche à *influencer* la *religion* de juges aussi *équitables* que *justes, éclairés, consciencieux* et *perspicaces !*

En thèse générale, en admettant même que des bénéfices, *chanceux,* auraient accompagné des conventions contractées depuis la restauration, serait-il *convenant,* serait-il *délicat,* surtout serait-il *prudent* d'en faire un motif de reproches ?

Pour tout *bon Français,* un engagement *contracté* par le Roi doit sembler *sacré.*

« La dette publique est garantie.

4 *

« Toute espèce d'engagemens pris par l'État est
« inviolable. »

Telles sont les expressions de la Charte.

Si les engagemens réciproques de ce genre peuvent occasioner des *dommages* aux contractans, ils doivent, avec confiance, invoquer, au pied du trône, la *générosité royale*, qu'on n'a jamais *implorée infructueusement*.

Mais s'il doit en résulter un *avantage* pour les traitans, cet avantage doit *demeurer essentiellement inviolable*, par cela seul que le contrat à pour *garant* notre *monarque vénéré*.

Quoi ! le *père du peuple*, *Louis-le-Désiré*, aurait, dans le *grandiose* de sa *conscience* et de sa *haute politique*, mérité les *bénédictions générales*, en ne *rejetant* pas les *dettes des cent jours ;* il aurait *pressenti* que les *conséquences* de cette *générosité* dépasseraient bien au delà ses *désavantages pécuniaires ;*

Et, aujourd'hui, on pourrait *craindre* que des intérêts, relativement *mesquins*, conduiraient à des conséquences tellement *immenses*, qu'elles seraient *ruineuses* pour les particuliers, et qu'elles *compromettraient l'existence de l'Etat !*

Non.

Une telle *crainte* ne doit pas nous *atteindre*.

Elle n'*attiédira* ni notre *zèle* ni notre *dévouement*.

La France a été *sauvée* par le Roi.

Elle est *heureuse.*

Elle est à la *veille* de se trouver placée au *plus haut rang du globe.*

Des intérêts *particuliers* et *pécuniaires*

N'anéantiront pas l'*ouvrage* de notre *père chéri;*

Ne mettront pas, *de nouveau, tout en question;*

Ne feront pas *marcher sur la même ligne* les combinaisons intéressées de l'État, et les combinaisons intéressées des particuliers ;

Ne compromettront pas de *rechef* notre *existence*, même celle de notre *pays;*

Et ne nous *légueront* pas, pour prix de notre *concours*, de notre *appui*, de notre *zèle* et de notre *dévouement*, des *maux éternels.*

N'oublions pas, ce sera là notre *salut*, que

Des *jalousies étrangères* nous *observent*,

Et que, à l'instar de l'*enchanteresse*, leur *politique* sème de *roses* le sentier de notre *précipice.*

Répétons *hautement*, et tirons-en *vanité :*

Pour des *Français*, les véritables *roses* sont la *franchise*, la *loyauté*, l'*honneur* et la *gloire.*

Leur *génie* est trop *transcendant* pour s'astreindre à des *imitations inapplicables* dans leur *déplacement.*

Aux *réclamations* possibles, faites par ceux qui se sont trouvés *lésés* par la *révolution*, M. le ministre des finances répond en disant :

« Il y a impossibilité de réparer le mal fait
« dans un temps heureusement si différent de celui
« dans lequel nous avons le bonheur de vivre. »

A cela, les *lésés* dont la *qualité* de *rentiers* ne
date que de la *restauration*, et dont la *propriété*
en *rentes* n'a été que le *résultat* d'un *paiement*,
peuvent répondre :

Notre *lésion date*, *précisément*, de cette *dernière époque*.

Peut-être, à la vérité, leur répliquerait-on,
comme *ultimatum* de ràison :

« Il y a nécessité de réserver nos ressources ré-
« paratrices pour ceux de ces maux particuliers
« passés, qui sont un mal général présent. »

Nous avons beau y réfléchir, pourraient se dire
les réclamans, en se retirant, et en concentrant
leur douleur, cette dernière *réponse* d'évasion ne
nous semble pas *claire* et *précise* ; c'est pour nous
une véritable *énigme*.

Serait-ce un *appât*, pour attirer, par l'espoir
d'obtenir ce qui, sans *réalisation*, leur est *promis*
depuis si long-temps, *ceux* dont l'*appui* semble
maintenant *nécessaire*, sauf, par la suite, à s'*ap-
puyer*, pour de nouveaux *ajournemens*, sur des
motifs imprévus?

Non sans doute : car pour des intéressés de ce
genre, qui, à ce sujet, ont *déjà* une expérience
bien *souvent* acquise, cette tactique serait trop
usée pour qu'elle pût encore se renouveler.

Si l'emploi était tel, ajouteraient-ils, que le suppose notre imagination, en cherchant à démêler le véritable sens de l'amphibologie, pourquoi ne l'avoir pas dit nettement ?

Pour des Français,

L'impression du mal est toujours moins poignante que l'impression de l'attente du mal.

Pourquoi s'exposer à des *reproches fondés ?*

Monsieur le ministre des finances a dit :

« La mesure que nous proposons procurera une « réduction de 28 à 30 millions sur les dépenses « annuelles de l'Etat. »

N'est-il pas évident, par cela même, que les contribuables seront soulagés de ces 28 à 30 millions, montant de la réduction sur les dépenses de l'Etat.

S'il en est ainsi, ces 28 ou 30 millions ne peuvent donc pas avoir pour application l'indemnité due à messieurs les émigrés.

Dès lors, on ne doit pas raisonnablement interpréter dans ce sens cette énonciation de sibylle.

« Il y a nécessité de réserver nos ressources « réparatrices pour ceux de ces maux particuliers « passés, qui sont encore un mal général présent. »

Nous devons donc espérer que cette phrase du ministre concerne l'ensemble des maux antérieurs et des maux postérieurs à la restauration.

Cette douce illusion sera sans doute suivie d'une réalisation dont, nous aimons à l'espérer, on aura voulu nous ménager la surprise.

On dit que les rentiers ne peuvent pas se *plaindre,* puisqu'on leur *offre l'option* entre *réduction* ou *remboursement,* au *capital nominal.*

A cette proposition , on peut répondre :

Tout est *relatif;* et, en matière d'intérêts, comme en toute autre, tout est d'*à-propos.*

Si, lorsque les rentiers ont donné leur argent au gouvernement, au taux de 85 fr. 39 c. pour 5 fr. de rente , ils eussent pu prévoir qu'ils seraient un jour remboursés , même avec perte sur leurs *débours,* ils auraient acheté, de préférence, des biens-fonds qui, *alors,* étaient *dépréciés,* et qui, *aujourd'hui,* leur procureraient un revenu plus *considérable* que le revenu auquel on voudrait les *réduire.*

Au contraire , en achetant *aujourd'hui* des biens-fonds avec leur remboursement, leur revenu serait encore *moindre* qu'il ne le serait en rentes.

Ils n'auraient donc qu'à se repentir de leur détermination *primitive.*

Pouvais-je concevoir une telle *crainte*, lorsque je disais, en m'adressant aux *créanciers* de l'État :

« O vous, dont la fortune se trouve entre les
« mains du Gouvernement, fiez-vous au Roi, à la
« pureté de ses intentions, à tout ce qu'il a fait
« jusqu'ici, à sa conduite juste, sage, éclairée,
« ferme et inébranlable. Votre intérêt s'oppose
« à votre isolement. Rattachez-vous à votre loyal
« débiteur; secondez-le de tous vos moyens pour
« faciliter et accélérer sa volonté de libération ; et
« puissiez-vous bientôt dire, avec la conviction de
« l'expérience : Les rapports avec la probité sont
« aussi avantageux à l'intérêt personnel que con-
« formes à la raison et à la justice. »

Lorsque je tenais ce langage, une commission dont monsieur de Villèle était membre concluait, contrairement aux *intentions manifestées du Roi*, au paiement des dettes en rentes, *valeur nominale*, et disait à ce sujet :

« Que devez-vous faire, Messieurs, à l'égard de
« l'arriéré, dans la situation actuelle de la France ?
« Ce que vous devez faire, c'est ce qui est pos-
« sible : devant la *nécessité*, tout est forcé de *céder?*

Il y a *nécessité !* (disais-je) il y a *indispensa-bilité !*

« Il n'y a de nécessité, il n'y a d'indispensabilité

« absolues que là où , comme *naguère*, il n'existe
« de réclamation possible que *l'obéissance*.

« La raison et la justice peuvent , dans certaines
« positions , avoir nécessité , avoir indispensabilité
« même de *ne rien faire ;* jamais elles ne peuvent,
« *consciencieusement,* quelles que soient les circon-
« stances , avoir nécessité , encore moins indispen-
« sabilité de *mal faire ;* de vouloir , en raison de
« leur *puissance*, qui les met hors *d'atteinte*, et
« les rend , dans leur propre cause , *juges et par-*
« *ties*, avoir plus de *droit* que n'en aurait aux yeux
« des *lois de l'Etat*, aux yeux surtout de *l'équité*,
« qui doit être la première de toutes les lois , même
« pour le *pouvoir*, tout simple particulier qui se
« trouverait dans une semblable situation.

« Si des circonstances difficiles pouvaient servir
« au gouvernement de prétexte pour une *injustice*
« *légalisée*, ces chances ne se renouvelant mal-
« heureusement que trop souvent chaque siècle,
« sur quelle *stabilité* aucune fortune particulière
« pourrait-elle s'asseoir ? »

La commission ne partageait sans doute pas ces
opinions , puisque , après avoir déclaré que la
perte des 5 pour cent était alors sur la place de
40 pour cent, elle ajoutait :

« La majorité de votre commission a pensé que
« la consolidation pure et simple des créances ar-

« riérées était une mesure impérieusement com-
« mandée par notre position. »

Heureusement, l'opinion de la commission n'a
pas prévalu, l'*opinion* du Roi a *triomphé*, et les
créances ont été *intégralement* acquittées.

Mais aujourd'hui pourrait-on encore, même
comme prétexte, prononcer le mot *nécessité?*

Y a-t-il *nécessité* de réduction?

Telle serait la question.

Il ne pourrait y avoir nécessité qu'autant qu'il
n'y aurait aucun autre moyen d'*alléger* le dommage
qu'occasione l'état des choses.

Il n'y aurait nécessité, qu'autant que la réduction, à défaut d'autres moyens, pourrait réellement *alléger* ce dommage.

Mais si, au contraire, la réduction, loin d'alléger le dommage, l'*augmente* réellement, il cesserait d'y avoir *nécessité*.

Or nous démontrerons d'une manière évidente,
non seulement qu'il n'y aurait pas de diminution,
mais même qu'il y aurait, par l'*adoption* de la réduction, *augmentation* de dommage.

Et comment, dans une telle position, en présence de l'*évidence* que la réduction doit, en définitive, être *préjudiciable*, loin d'être *profitable*,
pourrait-on chercher à *éluder*, sans nul intérêt,
même avec *désavantage moral* et *pécuniaire*, cet
article formel de la *Charte*,

5

« La dette publique est *garantie*,

« Toute espèce d'engagement pris par l'État est *inviolable*. »

Or, dans la portion de rentes qu'on veut soumettre à réduction, il en existe plus de 102 millions qui ont été émises depuis la concession de cette *arche sainte*.

Dès lors, non seulement les 63 millions de rentes émises avant la restauration, mais bien plus encore les 134 millions de rentes émises depuis la restauration, devraient, puisqu'elles ont été garanties, être *inviolables*, et à l'abri de tout *dommage* pour les propriétaires.

« La dette publique est *garantie*. »

Cela concerne bien certainement l'*ensemble* des *émissions*, non seulement les 134 millions d'émissions postérieures à la restauration, mais même les 63 millions de rentes émises antérieurement.

Ainsi donc, puisque la réduction dans le paiement de la dette de l'État, réduction à laquelle concluait M. de Villèle, n'a pas eu lieu ; puisque ce que voulait *alors* M. de Villèle, comme *membre de la commission*, n'a pas été sanctionné, nous ne pouvons pas perdre l'*espoir* que ce que veut aujourd'hui M. de Villèle, *président du conseil des Ministres*, soit également *désapprouvé* et *rejeté* par les chambres.

On croirait entrevoir, dans les expressions de monsieur le Ministre des finances, que les avantages de la *réduction*, au lieu de venir à la *décharge réelle* et *matérielle* des contribuables, serviraient à satisfaire aux réclamations des émigrés.

Serait-ce une *erreur d'interprétation* de la part des *désintéressés?*

Serait-ce une *lueur d'espoir* donné comme perspective de réciprocité à ceux dont, en attendant, le secours peut sembler nécessaire?

L'avenir lèvera tous nos *doutes* à ce sujet.

En attendant,

Il serait, il me semble, impossible de penser que le gouvernement se déterminerait à *sacrifier* entièrement la possibilité d'alléger un jour le sort des contribuables, au désir de procurer des *indemnités aux émigrés*, et de ne pas rester persuadé que, bien plutôt, il chercherait un moyen de concilier ce que commande la justice avec ce que conseille l'équité.

Toujours serait-il que la justice et l'équité feront une loi de ne point *prélever*, exclusivement, sur une seule classe de contribuables, le prix de ces indemnités.

S'il y a nécessité d'une dépense annuelle de 28 millions, c'est à l'ensemble des fortunes particulières, qui composent les richesses de l'Etat, à la supporter, et à y contribuer dans une juste, égale et équitable proportion.

Mais vouloir la puiser, exclusivement, dans la bourse des fortunes rentières, qui ne forment que la 21e partie des richesses de l'Etat, c'est commettre une injustice.

Et lors même que les contribuables devraient s'en trouver soulagés, *ce qui n'est pas, il s'en faut de beaucoup*, dans peu d'instans on en acquerrera la preuve matérielle, leurs mandataires entendraient assez bien les intérêts de leurs commettans pour repousser une telle source de soulagement.

Tout homme perspicace et expérimenté doit redouter les actes de *partialité* qui ne tombent que sur ses voisins, et dont il n'est pas *immédiatement* atteint· il doit ne pas ignorer qu'un tel genre d'habitude se contracte avec beaucoup de facilité, et que le mal auquel il échappe, aujourd'hui, peut, demain, *l'écraser*.

Messieurs les émigrés, guidés par les antécédens, ne peuvent guère, de nouveau, se confier pleinement à un espoir présenté d'une manière si ambiguc.

Ils sont trop raffermis pour accorder leur appui en pur échange d'un espoir si chanceux.

Ils exigeront sans doute qu'on s'explique nettement et sans arrière-pensée.

Le sort des contribuables s'en trouvera amélioré, car

L'espoir déçu est pire que le mal même.

Et, à leur égard, toute *tergiversation* devra cesser.

Ils reconnaîtront qu'il résulterait de la mesure plus de dommage pour l'État qu'il ne résulterait pour eux d'avantage.

Des indemnités nous sont dues, diront-ils, elles nous ont été *promises*, nous devons formellement y compter.

Mais elles ne doivent avoir pour *source* et pour *application* qu'une juste et égale répartition.

S'il faut qu'il y ait lésion momentanée pour quelqu'un, il faut qu'elle porte également, et par *rétribution proportionnelle*, sur *tous*.

Il ne faut pas que le vingtième des richesses seulement les supporte exclusivement.

L'acte de justice cesserait consciencieusement d'être pour nous une consolation, si nous avions à plaindre de nouveaux malheurs substitués aux nôtres.

Nous n'ajouterons point, aux injustes déclamations qui ont été élevées contre nous, le prétexte d'avoir profité des fruits d'une injustice, au moins des coups d'une *force majeure*.

Nous voulons que ce dont nous jouirons ne puisse nous être reproché par personne, et nous espérons même que, quelque jour, on appréciera assez les résultats généraux de notre *espoir* et de notre *tendance*, pour nous *remercier* de notre *résistance*.

Il faut enfin, et ce sera là le comble de l'accomplissement *de nos vœux*, qui devra mettre le *calme* et la *joie* dans toutes les âmes, que ces légers sacrifices momentanés et indispensables donnent à *tous*, sans exceptions, l'espoir d'une amélioration telle, que loin de les regretter, on lès considère au contraire comme une *combinaison salutaire*, et qu'on se pénètre bien, par *intime conviction*, de cette pensée à la portée de tout le monde :

Il faut semer pour recueillir.

Voilà ce que nous réclamons ;

Et pour mieux faire connaître la noblesse, la pureté et la loyauté de nos principes, voici ce que nous proclamons, avec l'*épanchement* de la *bonne foi* et de la *franchise*.

Dans tous les pays, en s'entendant bien, tout est *possible*.

En France, en s'entendant bien, tout est facile.

Après trente années d'angoisses et de *souffrances poignantes*, ayons enfin le *bon esprit* de savoir apprécier et savourer avec *fruit* les *faveurs* de tous genres que le Ciel nous a prodiguées, et n'étouffons pas, par des *résistances* d'un intérêt étroit, des *germes* réels de *splendeur nationale*.

Joignons à notre expérience, déjà bien chèrement acquise, celle de nos voisins.

Voyons, dans des contrées éloignées, ce qu'a pu l'*union*, ce que peut sa persévérance.

Toujours les passions haineuses et vindicatives nous conduisent, enlacées par la rage, sur les bords du précipice, et trop souvent nous y engloutissent.

Soyons donc unis.

Soyons-le de cœur et d'esprit.

Nous serons riches.

Nous serons puissans.

Tout nous prospérera.

Que 1824 soit nommé dans l'histoire,
Année de l'union.

Mettons franchement sur nos bannières :

Concorde, souvenir du bien, oubli du mal.

Notre énergie, notre courage, notre expérience, nos lumières et notre génie feront le reste.

Conséquences de la réduction des rentes, sous le rapport des transactions civiles.

Jusqu'ici, je n'ai considéré les effets de la réduction que sous le rapport financier.

Je vais maintenant l'envisager sous le rapport de ses conséquences relativement aux transactions civiles.

Je supposerai que la réduction viendra à la décharge des contribuables. Car, s'il en était autre-

ment, les conséquences que je vais présenter ac-
queraient une bien autre importance.

Je supposerai aussi que l'intérêt des capitaux
sera à plus bas prix dans les transactions civiles
et commerciales, et que l'agriculture en profitera.

Tel est le vœu, le but proclamé de la mesure : je
l'adopterai de *confiance*, mais sans y *croire*.

Dans ce cas la *réduction* considérée sous l'aspect des relations d'intérieur semblerait ne devoir
occasioner ni avantage ni désavantage pour personne, attendu qu'on pourrait penser que, réellement, on n'aurait fait que changer les valeurs nominales, sans changer en rien les valeurs des
rapports respectifs.

On pourrait dès lors espérer que l'intérêt des
capitaux, étant plus bas, donnerait la possibilité
d'établir, à moindre prix, les objets de consommation et d'industrie, et que chaque revenu, réduit
d'un cinquième, notamment celui du *rentier,*
pourrait encore atteindre et procurer une somme
suffisante d'objets de consommation ou de moyens
de jouissances ?

Mais qui pourrait se flatter de voir se réaliser, de
sitôt au moins, si tant est qu'il doive arriver, un
résultat si désirable.

Je le demande, avec assurance, aux hommes habitués à réfléchir sur la matière industrielle, sur-

tout à *l'utiliser*, en est-il un seul qui pourrait, avec confiance, prononcer affirmativement sur cette question?

Le mal, d'ailleurs, serait instantané : la compensation, en admettant même son existence, serait lente et tardive.

Y aurait-il dès lors parité?

Tout homme qui a pu apprécier par lui-même des révolutions, ne doit-il pas être convaincu que toute comparaison qui doit amener à un résultat probable est nécessairement vicieuse, par cela seul que l'élément du temps est l'une des bases de l'objet de comparaison, sans l'être en même temps de l'objet qu'on lui compare?

Ne serait-ce pas d'ailleurs se faire par trop d'illusion que d'espérer que, par cela seul que l'intérêt de l'argent diminuerait, tous les objets de consommation diminueraient dans un égal rapport?

Tous les antécédens ne prouveraient-ils pas le contraire?

Lors du passage des livres tournois en francs, les objets à vendre ont-ils diminué de prix, dans le rapport de la plus-value du franc sur la livre tournois?

5 *

Croit-on que si, par le résultat d'une puissance quelconque, la valeur du marc d'argent diminuait de moitié, les objets de consommation diminue-raient également de moitié, surtout instantané-ment?

Se fait-on une idée assez juste de l'influence de l'habitude?

Voudrait-on en outre écarter, relativement aux conséquences de la réduction, une considération trop évidente pour qu'il soit nécessaire, même pru-dent d'y trop insister.

La richesse métallique ne connaît pas de patrie. Son domicile est toujours le lieu qui lui présente le plus d'avantages.

Le taux de nos rentes, celui de nos intérêts, ont attiré en France une grande quantité de capitaux, qui a pu, jusqu'à un certain point, remplir le vide que nous avaient occasioné les résultats des deux occupations.

Nos manufactures, notre industrie, s'en sont ressenties.

Quand l'appât cessera, ce secours disparaîtra.

Le préjudice qu'elles pourront en éprouver se-ra-t-il compensé par la diminution de la main-d'œuvre?

L'ultimatum des raisons, dans ce genre de

discussion, consiste, trop souvent, dans cette ar-
gumentation :

L'Angleterre le fait : donc nous devons le
faire, si nous en avons la possibilité.

Nous prendons aussi l'Angleterre, et ce qui s'y
passe, pour justifier nos craintes d'une *déception*
dans cette perspective, ou cette attente d'une diminution de prix des objets de consommation.

On nous accordera, facilement, que le taux de
l'intérêt est faible en Angleterre, et, sans peine
aussi, l'on conviendra qu'en Angleterre le prix des
objets de consommation est très-élevé, et *qu'il y
fait cher vivre.*

Cependant l'intérêt y est plus faible qu'en France.

Le bas prix de l'argent ne fait donc pas baisser
celui des marchandises.

Voyez l'Angleterre, et jugez.

Et d'ailleurs n'est-il pas trop évident que la *position*, les *finances,* l'*industrie,* l'*esprit,* l'*imagination,* les *goûts,* la *civilisation,* les *usages,* les *habitudes*, enfin presque tout ce qui constitue la
prospérité, même l'existence des nations, diffèrent
tellement en Angleterre et en France, qu'en bien
des circonstances, notre intérêt bien entendu
pourrait nous porter à faire précisément le contraire de ce que fait l'Angleterre.

Faudrait-il donc qu'en ce point encore, notre *conviction* ne pût s'asseoir et s'affermir que par de *malencontreuses* tentatives?

Quand, comme l'Angleterre, nous aurons en notre faveur une balance de commerce extérieur *colossale* dans ses résultats avantageux, nous pourrons alors, dans l'intérêt même de l'Etat, changer de langage, et donner, par cela même, une nouvelle preuve que notre esprit national a la même direction et la même intensité.

Mais, jusque là, il me serait impossible d'écarter de moi le sentiment de la plus intime conviction que,

Dans la situation actuelle de la France, la réduction ne présenterait, dans son ensemble, et en définitive, pour les contribuables, que des résultats de *détérioration* qui ne pourraient être compensés que par un accroissement proportionnel d'amélioration dans la balance de notre commerce extérieur.

Mais ce genre d'amélioration repousse surtout tout genre d'illusion.

La balance du commerce extérieur dépend, relativement à la nature de ses résultats, d'un si grand nombre de données particulières, souvent même disparates entre elles, qu'il est toujours prudent, à leur égard, d'y *concourir* avec persévé-

rance et espoir, mais de ne pas, avec trop de précipitation , en *préjuger* les résultats , même lorsqu'ils semblent être le fruit d'une saine *prévision*.

En cette partie, il n'existe de véritable démonstration que l'existence du fait.

En voyant sous cet aspect la position de nos
voisins , les plus zélés partisans de la prospérité de
la France doivent se borner à *persévérer* et à *espérer,* mais sans *affirmer*.

L'importance de cet objet, et son rapport direct
avec le but de cet écrit , me forcent de le traiter
ici , au moins succinctement.

Quand un État a éprouvé une perte *absolue*
dans la masse de son numéraire (malheureusement , nous sommes dans cette position pour une
somme qui ne peut pas être évaluée au-dessous de
600 millions), aucune mesure, bornée aux *rapports de l'intérieur,* ne peut la réparer : la balance
avantageuse du commerce est la seule *source* qui
puisse atteindre ce but.

En soi, les élémens positifs de la balance du
commerce extérieur reposent sur des élémens simples.

Si la valeur des exportations dépasse celle des
importations , il y a , pour la première position ,
accroissement de numéraire, pour la seconde ,
au contraire , *diminution de numéraire*.

Or, comme dans les rapports d'un État avec les autres nations, la proportion de son numéraire est un élément indispensable de sa *prépondérance*, le but constant de tout bon gouvernement doit être, sous le point de vue de la *prospérité publique*, d'employer les moyens matériels et moraux qui sont en sa puissance, pour que l'*agriculture*, les *manufactures* et l'*industrie* satisfassent, s'il est possible, la totalité des besoins de ses gouvernés, et même les dépassent pour satisfaire également à tous les besoins des nations avec lesquelles il est en rapport.

La balance la plus avantageuse du commerce se reporte toujours sur les nations qui atteignent ce but.

Mais comme les résultats annuels de la balance du commerce extérieur ne sont, pour la plupart des nations, qu'une faible fraction du numéraire circulant, ce ne serait, dans une position ordinaire, qu'au bout de bien des années qu'on pourrait, par le *fait*, apprécier la situation comparative de la richesse d'un État, sous le point de vue de la circulation de son numéraire.

Cette connaissance tardive rendrait dès lors le mal presque *irréparable*, en ôtant tout moyen d'y remédier efficacement en temps opportun.

Il importe donc essentiellement à la sollicitude de tout gouvernement prévoyant, non seulement d'encourager la latitude des moyens du commerce extérieur , mais encore de publier *annuellement* , et sans *réserve*, ses résultats vrais.

Cette publication diminuerait au moins les difficultés qu'on éprouve toujours, en cette partie , pour déduire , d'après les résultats apparens , des conséquences parfaitement exactes.

Nos voisins jouissent depuis long-temps de leur *persévérance* de perfectionnement en ce genre.

La balance de leur commerce extérieur est réellement *colossale*.

Un tel résultat ne contribue pas peu sans doute à leur *influence directe ou indirecte , médiate ou immédiate , sourde ou ostensible ,* sur les combinaisons de toutes les autres nations du globe.

Est-il beaucoup d'*oppositions* qui résistent à *beaucoup d'argent* et *à tact fin* dans son emploi?

Un tel levier rencontre-t-il jamais de résistance *durable* et surtout *insurmontable ?*

A égalité d'autres circonstances , l'extension des exportations dépend de la *diminution du prix* , et de *l'augmentation de la qualité des objets exportés.*

Ainsi, toute nation qui jouit d'une balance favorable du commerce extérieur réunit, nécessairement, les trois avantages suivans de fabrication ou de production :

Extension de fabrication ou de production ,
Economie de fabrication ou de production ,

Amélioration de fabrication ou de production:

Tels sont les trois élémens indispensables de la prépondérance du commerce extérieur.

L'amélioration dépend, principalement, des *soins*, de l'*intelligence*, et de la *capacité* des directeurs de manufactures ou d'exploitations ;

La *diminution de prix* dépend

Du *génie* des directeurs, qui leur fait imaginer et mettre en pratique des modes de fabrication et de production plus simples,. plus assurés et plus économiques, et qui, par suite, leur fait obtenir des résultats plus parfaits ;

De la *diminution dans les taux d'intérêts des secours en argent nécessaires à la formation ou à la vitalité des établissemens.*

En approfondissant ces causes d'*influence,* on reconnaît :

Que la première a tous les genres d'*avantages,* sans nul *inconvénient;*

Que la seconde, au contraire, a et des *avantages* et des *inconvéniens*, et que ce n'est que par la balance de ces résultats inverses qu'on doit se déterminer à la *désirer* ou à la *délaisser :*

En effet, l'influence du génie est une. création, une addition aux richesses déjà existantes d'un

Etat ; cette influence *améliore* aussi-bien les *rap-ports intérieurs* que les *rapports extérieurs.*

En vain dirait-on qu'elle enlève à la multitude des bras un emploi direct.

Pour un Etat industrieux, chez lequel le génie, soit d'*invention*, soit d'*application*, n'est pas étranger, il ne peut jamais exister trop de bras ; les li-mites du *sol* pourraient seules altérer ce principe ; mais les *colonisations, application d'une si immense importance,* et qui, sans doute, devrait exciter bien plus encore toute notre *sollicitude,* rétablissent promptement l'équilibre, et augmentent d'autant la latitude des richesses.

Quant à la seconde cause d'influence, savoir, la *diminution du taux de l'intérêt,* elle mérite, sous tous les rapports, l'examen le plus *réfléchi,* surtout pour établir, autant que possible, la *balance* entre ses *avantages* et ses *désavantages.*

Que de *motifs impérieux* pour faire *apprécier* la *nécessité* de s'occuper, *sans délai,* sous le point de vue de l'*amélioration* du commerce extérieur et de la *publication* de ses résultats, de cette branche de revenu, qui, par ses conséquences médiates et immédiates, est l'une des plus importantes de notre administration financière !

On ne peut, à la vérité, se dissimuler que, sur tous ces points, des *tentatives suivies avec persévérance* rencontreront des difficultés et des obstacles, ne fût-ce que celui de l'*inertie.*

Peut-être même arriverait-il que des concurrences étrangères, redoutant les conséquences de notre changement de direction, *dénatureraient*, peu à peu, leurs démonstrations *amicales*, et dès lors se *prononceraient*, ouvertement et nettement, en leur en supposant la possibilité.

Laissant, provisoirement, dans le *vague* ce genre d'*éventualité*, toujours ne serait-il pas inutile, sans égard pour toute influence d'amour-propre, de se dire, en commençant à marcher dans cette voie :

Sous l'aspect des tentatives, la difficulté la plus réelle est de n'être pas assuré de la probabilité de réussite, et surtout de douter que d'autres aient utilement suivi la même voie.

Cette certitude acquise, le *succès* ne doit plus sembler *incertain*.

Ce qu'un homme a fait, un autre homme peut le faire.

Ce qu'un homme a fait, un Français doit indubitablement le faire.

Ce que personne n'a fait, un Français peut, raisonnablement, tenter de le faire.

Pouvoir est notre qualité,

Vouloir doit être notre guide.

Nous sommes gouvernés par des *Bourbons*,
Nous sommes *Français*,

Maintenant, nous avons véritablement une *patrie.*

Dès lors, malgré les difficultés,

Le succès est assuré !

~~~~~~~~

De la réduction des rentes, considérée sous le rapport de ses diverses influences.

Les influences de la réduction des rentes sont de trois genres ; je les traiterai séparément.

Premier aspect.

De l'influence de la réduction de l'intérêt des rentes, et, par suite, de l'intérêt légal, sous les rapports intérieurs et extérieurs.

Supposons les revenus d'un État de. . . . . 4,200,000,000 fr.

Tel est le revenu approximatif de la France actuelle.

Supposons que les charges rentières de cet État s'élèvent à. . . . . 200,000,000 fr.

Telle est encore la position de la France.

Supposons de plus que les débours des contribuables de cet État, nécessités par ses besoins, s'élèvent à. . . . . '. 800,000,000 fr.
~~~~~~~~

C'est à peu près ce qui existe en France.

Supposons enfin que les dépenses de l'Etat s'élèvent à. . . . . 900,000,000 fr.

Telle est maintenant notre dépense annuelle.

Si , par une mesure quelconque , le gouvernement parvenait à réduire, *généralement*, d'un *cinquième* le taux *légal* de l'intérêt, il éprouverait, ainsi que les contribuables, un soulagement de. . . . . 180,000,000 fr.

Mais, en même temps , cette diminution *générale* du taux de l'intérêt *légal* produirait dans le *revenu* de l'Etat une diminution de 840,000,000 fr.

D'où résulterait, définitivement, pour les contribuables, une *diminution de revenu* de. 660,000,000 fr.

Considérée dans les *rapports d'intérieur*, la *perte* résultante de cette diminution de revenu ne serait *absolue* qu'autant que , jusqu'à due concurrence, il ne s'établirait pas , *proportionnellement*, ce qui est plus que *probable* , un équilibre parfait entre les objets de consommation et leurs signes représentatifs.

Considérée dans les *rapports extérieurs*, la *perte* résultante de cette diminution de revenu serait *absolue*, et restreindrait d'un *cinquième* les *jouissances* procurées à chacun des membres de l'Etat par les *importations*, dans le cas , et *proportion-nellement*, où il ne s'établirait pas, ce qui est très-vraisemblable , un équilibre parfait entre le produit des *moindres bénéfices plus abondans*, èt le produit des plus *grands bénéfices moins abondans*

Deuxième aspect.

De l'influence de la réduction de l'intérêt des rentes , sans, par suite, réduction de l'intérêt légal, sous l'aspect de l'inégalité de répartition de la réduction sur les divers genres de richesses.

Admettons, pour la fortune d'un Etat, en tous genres. . . . . 84,000.000,000 fr.

Telle est celle de la France.

Ce capital représente , au taux légal de 5 pour cent, un revenu de. . . . . 4,200,000,000 fr.

Admettons une émission de rentes de. . . . . 200,000,000 fr.

Représentant, au pair de 100 fr. pour 5 fr., un capital de. . . . . 4,000,000,000 fr.

Admettons que les besoins de cet Etat s'élèvent à. . . . . . 900,000,000 fr.

Ce sont les besoins annuels de la France.

Il en résultera que chaque 100 fr. de revenu contribuera aux besoins de l'Etat pour. 21 fr. 43 c.

Supposons maintenant qu'on parvienne à ramener à 4 pour 100 le taux d'intérêt des rentes émises à 5 pour 100, sans, toutefois, changer, *généralement*, le taux *légal* de 5 pour 100 : il y aurait, sur l'ensemble des 200,000 fr. de rentes, une réduction de 40 millions, et, conséquemment, pour le gouvernement, une diminution de dépenses annuelles de pareille somme.

Dès lors, les besoins du gouvernement se trouveraient réduits à. . . . . . 860,000,000 fr.

Ce qui, relativement à la fortune de l'Etat, ne formerait, pour chaque 100 fr. de revenu individuel, que. . . . . 20 fr. 48 c.

Dans cette position, les possesseurs des 160 millions de rentes restant après réduction contribueraient pour leur part aux besoins de l'État, pour . . . . . . 40,950,000 fr.,

Par le fait de la réduction, ils y auraient en outre contribué pour. . . . . 40,000,000.

Total de leur part contributive. . . . . 80,950,000 fr.

Avant la réduction, cette part contributive n'aurait été que de. 42,860,000.

Il existerait donc, entre ces deux quotités de part contributive, une différence, à leur désavantage, de . . . . . . 38,090,000 fr.

Qui, en rapport avec les deux cent millions de rentes, donne, pour chaque 100 fr. .   19 fr.

Ainsi, par le fait de la réduction, les richesses de l'État, autres que la richesse rentière, seraient soulagées, par chaque 100 fr., de. .   0 fr. 95 c.

Tandis que la richesse rentière serait surchargée, par chaque 100 fr., de. .   19 fr.

Une telle inégalité de repartition suffirait, à elle seule, pour faire rejeter la réduction.

Troisième aspect.

De l'influence de la réduction des rentes sur la fortune industrielle, dans la supposition que la réduction de l'intérêt légal s'ensuivra, et dans la supposition que la réduction de l'intérêt légal ne s'ensuivra pas.

Supposons qu'un homme industrieux, ayant employé aux ateliers de son exploitation les cent mille francs qu'il avait, trouve à emprunter, au taux de 6 pour 100, cent autres mille francs, qui lui sont nécessaires pour le courant de l'exploitation.

Supposons qu'à la fin de l'année, le bénéfice de son commerce s'élève à 15,000 fr. et qu'il en distraie 6,000 fr. pour l'intérêt du prêt : il lui restera 9,000 fr., pour l'intérêt de sa mise de fonds de premier établissement, et pour la représentation de son travail et de son industrie

Supposons que, plus tard, par une mesure

quelconque, l'intérêt légal des capitaux ait été, directement ou indirectement, ramené à trois pour cent.

Voyons d'abord la position où se trouverait cet homme industrieux, si, malgré cette diminution d'intérêts, les produits de l'industrie n'éprouvaient pas une diminution proportionnelle de prix.

Dans cette position, le manufacturier aurait à ajouter à ses bénéfices trois mille francs ; ils seraient dès lors de 12,000 fr. au lieu d'être de 9,000 fr.

Mais, en même temps, le revenu du capitaliste prêteur se trouverait diminué de 50 pour 100.

L'inégalité comparative de la répartition de la mesure serait donc de 85 pour 100.

Supposons, maintenant, que le prix des objets de besoin et d'agrément baisse dans le rapport de la réduction *générale* de l'intérêt de l'argent :

Le même homme industrieux n'aurait à supporter que 5,000 fr. pour l'intérêt des 100,000 fr. qu'il aurait empruntés ; mais, en même temps, ses produits manufacturiers ne lui procureraient qu'un bénéfice brut de 7,500 fr., et, en déduisant les 3000 fr. de l'emprunt, il ne lui resterait que. . . . 4,500 fr.

pour l'intérêt de sa mise de fonds de premier établissement, et pour la représentation de son travail et de son industrie.

Certainement, cet homme industrieux aurait préféré sa première position, à la seconde, surtout si son genre d'industrie lui nécessite beaucoup d'importations de matières premières.

Conséquences de ces aspects.

Il est donc incontestable

Que toute réduction d'intéréts des rentes émises à un taux plus élevé est,

Ou comparativement injuste envers les intéréts rentiers, et les intéréts mobiliers ;

Ou, au moins, désavantageuse, si ce n'est directement dans les rapports d'intérieur, au moins indirectement dans les rapports d'extérieur, aux intéréts fonciers, mobiliers et industriels, et, par suite, aux intéréts directs de l'Etat.

Si cette réduction ramenait au taux légal le taux primitif, censé le dépasser, elle serait onéreuse, et pour les possesseurs de rentes, et pour les contribuables, par suite pour le gouvernement.

Si cette réduction réduisait le taux primitif à un taux inférieur au taux légal, il y aurait double injustice pour le rentier, d'abord parce qu'il perdrait son droit acquis par les conventions, en second lieu parce qu'il perdrait même portion du droit qui lui était acquis par la loi.

Et si , par suite de la réduction à un taux inférieur au taux légal , le taux de tous les genres de richesse éprouve une diminution proportionnelle , la perte devient générale.

Pour les rapports d'intérieur, et dans la supposition toutefois que le prix des objets de consommation diminuerait proportionnellement à la réduction, elle ne serait que *relative*, et conséquemment de peu d'influence.

Elle serait absolue, dans les rapports à l'extérieur, s'il ne s'établissait pas un équilibre exact entre le produit des *moindres bénéfices plus abondans*, et le produit des *plus grands bénéfices moins abondans*.

Balance passive de la réduction, sous le rapport des jouissances d'importation.

La fortune, en tous genres, des 86 départemens de la France est , en capital, de

83,573,408,585 fr.

Au denier vingt, elle représenterait un revenu de

4,178,670,429 fr.

Au denier vingt-cinq, elle ne représenterait qu'un revenu de

3,342,936,343 fr.

D'après les données du gouvernement, les importations de la France s'élèvent environ à

$$440,000,000 \text{ fr.}$$

On peut donc dire que la dixième partie, même plus, des revenus de la France, est consacrée à des objets d'importations.

Or, comme, par la réduction, le revenu de la France, et, conséquemment, la somme consacrée aux importations, se trouverait réduite d'un cinquième, les jouissances procurées aux habitans de la France, par les importations, se trouveraient diminuées de . . . . 88,000,000 fr.

Qui représentent, au denier vingt-cinq, un capital de. . . . . 2,200,000,000 fr.

A quoi il conviendrait d'ajouter les millions, *plus ou moins nombreux*, auxquels s'élèveraient les avantages directs ou indirects *des principaux traitans, de leurs acolytes, de leurs affidés, de leurs partisans, apparens ou non apparens, mais couverts de leurs manteaux ;* avantages compris dans les dénominations génériques de *remises, commissions, retards, escompte,* et autres *d'usage,* qu'encaisseraient, probablement *avant tout,* les maisons, sans doute en grande partie étrangères, qui donneraient un appui, *plus de forme que de réalité,* au plan, et à son exécution.

Je l'ai dit, je le répète, et je le répéterai tant que ma voix pourra se faire entendre, parce que j'en suis plus intimement convaincu que jamais :

Il n'y a qu'un plan d'ensemble, bien combiné, bien mûri, et exécuté, de toutes parts, avec une conviction d'amélioration évidente et assurée, qui puisse nous sortir enfin du cercle vicieux dans lequel nous nous trouvons, et dans lequel les contribuables, lésés outre mesure, ne peuvent même pas jouir, comme bien faible soulagement, de la *douce illusion* (je suppose à tous un sens droit et sain) *d'assigner, avec certitude, l'époque où, enfin, ils pourront, pour eux et pour les leurs, renaître au bonheur.*

Résultats pécuniaires, directs ou indirects, de la réduction des rentes.

L'ensemble des idées de M. le Ministre des finances devait, dans sa rédaction, lui présenter de *grandes difficultés.*

D'un côté, appuyant la conception du plan, auquel il avait donné son *assentiment*, sur la nécessité de réparer le dommage que le cours de 100 fr. (5 pour cent) apporte à la fortune publique, il fallait admettre pour les trois pour cent un cours réel de 75 fr., *sans oscillation.*

Mais en même temps, ayant sans doute le sentiment de conviction (j'ai trop grande idée des *lumières*, de *la droiture* et de la *perspicacité* de M. le Ministre des finances pour n'en pas être convaincu) que l'exécution du plan serait complétement *impraticable*, si les propriétaires des cinq pour cent exigeaient leur remboursement, il a dû leur donner l'espoir que les trois pour cent s'élèveraient au dessus de 75 fr. : autrement, sans cet *espoir*, et surtout avec *l'idée contraire*, ces propriétaires, à moins que leur *manie* et leur *état fébrile* ne se fussent encore empirés, et qu'ils ne fussent complétement tombés en *démence*, exigeraient leur remboursement, sauf à faire, par eux-mêmes, et en temps *opportun*, l'emploi, avec *bénéfice*, du produit de leur *remboursement.*

Dès lors, le gouvernement se verrait forcé de *reculer*, et d'avouer qu'il avait trop compté sur ses forces, ou, au moins, sur *celles de ses traitans.*

Combien il aurait fallu d'art pour *déguiser complétement* ces deux directions contraires !

Certes, Monsieur le ministre des finances n'en manque pas.

Mais l'intérêt personnel ne donne - t - il pas.

de la *perspicacité* à ceux-là même qui, en toute autre circonstance, en sont dépourvus?

« La conversion une fois opérée, dit Monsieur
« le ministre des finances, vous avez réduit de
« trente millions les charges annuelles de l'Etat
(ce qui devrait faire supposer que ce n'est pas ce
genre de ressource que monsieur le ministre des
finances entend appliquer à l'indemnité des émigrés); vous avez substitué à des effets publics con-
« stitués à cinq pour cent, et dans le cours desquels
« la crainte du remboursement ou la diminution
« de l'action de l'amortissement devait jeter la per-
« turbation que nous observons à la bourse en ce
« moment; vous avez substitué, dis-je, des trois
« pour cent que vous avez émis au cours de 75 fr.,
« c'est-à-dire au taux qui fait ressortir le capital
« des porteurs des cinq pour cent au pair, et fixe
« leur intérêt à quatre; mais vous avez dégagé cet
« effet de la crainte du remboursement ou de la
« diminution de l'amortissement. Il peut gagner
« 33 pour cent avant que vous rentriez dans le droit
« de le rembourser; et comme plus ce nouvel effet
« montera, plus vous accroîtrez la richesse publique
« en capitaux, et plus vous aiderez au développe-
« ment de votre prospérité, en diminuant les in-
« térêts de l'argent, vous devez ménager avec le
« plus grand soin à l'amortissement toute la force
« possible pour vous aider à atteindre ces résultats. »

Un bénéfice de 33 pour cent, pour le porteur

des cinq pour cent, suppose le cours des trois pour cent au pair, c'est-à-dire à 100 francs pour chaque trois francs de rente (trois pour cent).

Monsieur le ministre des finances, dans un autre endroit de son discours, dit en outre, relativement à ces objets :

« La mesure que nous proposons produira une
« réduction de 28 à 30 millions sur les dépenses
« annuelles de l'Etat (nouvelle preuve, car la
duplicité ne peut se supposer, que ce n'est pas
avec cette ressource que Monsieur le ministre des
finances entend indemniser les émigrés), sans di-
« minuer en rien la puissance de la caisse d'amor-
« tissement, sans aggraver les conditions des nou-
« veaux emprunts, que des besoins extraordinaires
« pourraient dans la suite rendre *indispensables,*
« enfin en opérant dès ce moment la réduction
« des intérêts de la dette publique au taux de quatre
« pour cent, et en émettant des titres qui peuvent
« s'améliorer en capital, jusqu'à ne plus porter
« qu'un intérêt de trois pour cent. »

En émettant des titres qui peuvent s'améliorer en capital, jusqu'à ne plus porter qu'un intérêt de trois pour cent.

N'est-ce pas là la perspective des trois pour cent s'élevant au pair de cent francs ?

D'un autre côté, voyons ce que dit le *Moni-*

teur, journal qui, dans cette circonstance, peut être considéré comme *officiel*.

Après avoir détaillé plusieurs avantages que le plan doit, dans sa *supposition*, procurer aux propriétaires des cinq pour cent, il ajoute :

« Cette combinaison aura encore pour les créan-« ciers actuels un autre avantage : elle leur ouvrira « la chance d'un bénéfice prochain sur la vente de « leurs nouvelles inscriptions ; celles-ci ne leur re-« viendront qu'à 75 pour cent, et il est probable « qu'elles ne tarderont pas à s'élever au-dessus de « ce taux.

« L'opération projetée est donc légale et même « *généreuse* (nouvelle preuve, pour nous audi-teurs, que les plus *instruits* peuvent encore, à *chaque instant*, acquérir de nouvelles *con-naissances*) pour les créanciers, en même temps « qu'elle est économique (c'est ce que nous véri-fierons *matériellement* dans quelques instans) « pour l'État, c'est-à-dire, pour les contribua-« bles.

« Mais d'autres considérations la recommandent « encore à la reconnaissance des hommes de toutes « les classes. Le haut intérêt que paie le gouver-« nement influe d'une manière fâcheuse sur le taux « des emprunts entre particuliers. (Aurait-on oublié que le taux fixé par la loi ne peut être violé *impunément, si ce n'est toutefois par le gou-vernement, lorsqu'il emprunte, à moins qu'il*

n'entende se couvrir du manteau d'emprunt à grosse aventure). Il en résulte que les capitaux
« affluent dans les fonds publics, tandis que l'agri-
« culture et l'industrie les appellent en vain , ou
« ne les obtiennent qu'à des conditions trop oné-
« reuses. Cet état de choses fera place à une dis-
« tribution plus salutaire des capitaux , dès que
« le placement sur l'État produira un intérêt moins
« élevé. Le taux inscrit des trois pour cent, qui
« d'abord ne va être que nominal, deviendra pro-
« gressivement le taux réel , à mesure que le cours
« des nouvelles rentes approchera du pair. »

A mesure que le cours des nouvelles rentes (trois pour cent) *approchera du pair* (100 fr. pour 3 fr. , ou 133 fr. 33 c. pour 5 pour cent réduits à 4).

Est-il rien de plus positif?

Cours de 100 fr. (3 pour cent) entrevu *prochainement*, comme grande *probabilité* , et signalé aux rentiers, comme perspective de *bénéfice* (par synonymie, comme perspective de grande *perte* pour les contribuables).

On conçoit donc la possibilité ; même l'espoir, que les trois pour cent s'élèveront à 100 fr. , ce qui placera la caisse d'amortissement dans une position parfaitement analogue à celle où elle se serait trouvée si, sans réduction , les 5 pour cent se fussent élevés à 166 fr. 67 c.

A 100 francs, il y avait dommage pour la fortune publique ; cela est évident.

. Même bien au-dessous de ce taux, il y aurait déjà eu dommage, résultant des taux de nos *négociations* et de nos *rachats*.

_ Quoi qu'il en soit, monsieur le Ministre des finances fixe à 100 fr. le moment de la réparation du dommage.

Mais à 133 fr. pour 5 fr. réduits à 4 (le cours étant de 100 fr. pour 3 fr.), ce dommage serait encore bien plus considérable.

Ainsi, si , comme le *Moniteur* l'annonce, les trois pour cent s'élèvent à 100 fr., le dommage résultant de l'amortissement, loin de se trouver amoindri, se sera au contraire accru de 33 pour cent (accroissement dont bientôt nous établirons matériellement l'importance), sauf, toutefois, jusqu'à due concurrence, l'avantage procurée aux contribuables par le fait immédiat de la réduction, avantage qui diminuera d'autant plus que les cours s'élèveront, et que, par suite, l'intérêt s'abaissera.

Il peut gagner 33 pour cent., dit M. le ministre des finances.

Plus ce nouvel effet montera, ajoute-il , *plus vous accroîtrez la richesse publique en capitaux, et plus vous aiderez au développement de votre prospérité, en diminuant les intérêts de l'argent.*

Ainsi,

Il faut que les trois pour cent baissent au-dessous de 75 fr., pour réparer le dommage que ce prix de 75 fr. occasione à la fortune publique.

Il faut que les trois pour cent s'élèvent au-dessus de 75 fr. pour accroître la richesse publique, et pour aider le développement de la prospérité de l'État.

Il faut choisir entre ces deux voies.

Laquelle doit être préférée ?

L'une exclut forcément l'autre.

Il faut donc, sous cet aspect, se livrer à toutes les *chances de l'avenir.*

Dans ce nouvel état d'incertitude, tous les ordres de probabilités tendent, *malheureusement*, à une *détérioration*, trop fortement *prononcée*, de la *position*, déjà très-*affligeante*, des contribuables ;

Ces probabilités doivent faire présumer qu'ils paieraient très-chèrement cette *gracieuseté* momentanée ;

Ce serait pour eux de l'argent emprunté à un *très-immense intérêt.*

En effet, les *manies* de l'esprit ou de l'imagination ne se guérissent pas aussi facilement que celles du corps.

Si le *tact* de Monsieur le ministre des finances, a été *juste*, dans son *opinion* et dans *l'expression de sa pensée*, relativement à ceux qui consacrent des fonds aux effets publics, *la fièvre chaude*, et la *manie* de ce genre de capitalistes., ne peuvent être révoquées en doute.

Mais l'expérience des siècles a prouvé que cette maladie est *incurable*.

Ces *maniaques à fièvre chaude* feront donc ce que font bien des gens qui, *éprouvant* des pertes, ne sont pas assez *sages* pour les oublier; ils courront de nouvelles *chances* pour les réparer.

Des *récidives*, allégeant leurs bourses, ne feraient même qu'accroître leur *délire*, si toutefois il y a du délire à concourir, à ses propres *risques*, à ce que le gouvernement dit être *l'accroissement de la richesse publique, et le développement de la prospérité de l'Etat.*

Ils persisteront donc, jusqu'à extinction de forces et de *moyens*, dans leur *impénitence finale*, dans leurs habitudes, si l'on veut même dans leur *fièvre chaude*, dans leur *manie*.

Le goût du jeu et des *chances hasardeuses* est, je le répète, complétement incurable.

Accordant dans ce sens, sans cependant tirer à conséquence, à monsieur le ministre des finances, que ceux qui consacrent des fonds aux négociations des effets publics sont des *maniaques à fièvre chaude,* on pourrait admettre, avec encore plus de vérité, que les malheureux qui se laissent prendre aux *piéges* (il s'en faut que ce mot soit encore assez *expressif*), de la loterie *royale* sont des *fous,* à moins qu'on ne veuille se borner à les envisager comme des *dupes.*

En effet, en prenant le total de toutes les mises à la loterie de France, depuis 1800 jusqu'en 1823 ;

En prenant de même le total de tous les lots gagnans à la loterie, pendant le même espace de temps,

On trouve que la perte moyenne sur chaque 100 fr. de mise est de

30 3/4 pour cent.

Considérant donc, comme n'étant qu'une seule propriété, la fortune de l'ensemble des joueurs, on trouve, en supposant que cette

fortune soit de. . . . . 15,477,701 fr.

Qu'elle sera, à la fin de l'année, diminuée des 93/100.

Autant vaudrait-il dire que les joueurs seraient ruinés, car ce serait faute d'avoir pu alimenter une dernière mise qu'ils jouiraient encore de ces faibles débris.

Depuis trente ans on se récrie contre l'*immoralité* de la loterie royale.

Elle *surnage.* Elle *survit.*

Dans trente ans, on appliquera peut-être en-

core aux placemens dans les fonds publics la qua-
lification de *manie* et de *fièvre chaude.*

Encore, à cette époque , *on placera, on spéculera,* même avec plus de facilité : car si l'on ne
sort pas enfin de la voie *ruineuse* dans laquelle on
s'est engagé, dans trente ans la *matière* à spéculation , loin d'être diminuée , aura pris une am-
plitude qui pourrait , par ses résultats , rappeler,
trop efficacement , de bien tristes *souvenirs.*

Je n'y songe qu'avec un *sentiment d'effroi,* qui
trouble le *bonheur* que nous devons à notre *bon Roi.*

En France, les *idées,* même les *sensations,*
n'ont que peu de durée; à peine s'occupe-t-on le
lendemain de l'objet de la veille.

Les pertes provenantes de la réduction seront
donc, sans doute, bientôt *oubliées.*

On spéculera dès lors sur nouveaux frais , et, probablement, avant un an, les prophéties du *Moniteur*
se réaliseront (en cela , au moins) et les trois pour
cent approcheront du cours de 100 fr. , c'est-à-dire
de leur pair.

D'un autre côté , les *propriétaires fonciers ,*
croyant jouir d'un soulagement , très-léger , très-
momentané , mais sûr tout très-peu *réel,* oublie-
ront promptement les énormes compensations de
ces appâts plus que *dangereux,* de ces appâts *ruineux;* ce ne sera qu'au bout de plusieurs années ,
en faisant leur balance de situation , qu'ils reconnaîtront, d'une manière palpable, combien elle s'en
trouve détériorée.

Alors il ne sera plus temps, il n'y aura plus de remède.

En définitive, sous cet aspect, il ne résultera, à la vérité, que déplacemens de fortune, sans perte réelle pour l'État.

J'en conviendrai.

Mais ce déplacement ne serait-il donc pas suffisant ?

Ne serait-ce pas là un bouleversement réel, quoique *paisible?*

Faudrait-il donc, pour *exciter* notre *sollicitude*, des *renouvellemens d'occupations étrangères*, qui ont été ruineuses, non seulement pour les particuliers, mais même pour l'Etat !

Tous les ordres de probabilité se réunissent donc pour prouver

Qu'il n'y aura pas de réparation des dommages qu'on a signalés ;

Qu'il y aura au contraire une augmentation immense de dommage, qui accroîtra les sacrifices déjà immenses des contribuables.

Ainsi donc, d'après les propositions diverses de monsieur le Ministre des finances et du *Moniteur,*

D'après la connaissance du cœur humain,

D'après l'expérience des antécédens,

D'après l'état constaté des capitalistes consacrant leurs fonds aux rentes, reconnus dans un état de *fièvre chaude*, et de *manie*, *invétérée*, et, heureusement pour le gouvernement, *incurable*;

Nous pouvons considérer comme plus que probable l'élévation des cours au-dessus de 75 *fr.*

Les *élémens* du plan suffiraient *seuls* pour établir la *probabilité* de cette *hausse* des 3 pour cent.

En effet, au *premier aspect*, on pourrait *présumer que*,

Ne voulant *allouer* aux rentiers que quatre mille francs de revenu, au capital de 100 fr., en *échange* des 5 mille francs de revenu dont ils jouissaient, au capital pareil de 100 fr.,

Il était indifférent .

De *créer* des 4 pour cent au capital de 100 fr., et de donner aux rentiers quatre mille fr. de ces 4 pour cent, contre 5 mille fr. de leurs 5 pour cent. ;

Ou de *créer* des 3 pour cent, au capital de 100 fr., et de donner aux rentiers, au taux de 75 fr., 4,000 fr. de ces trois pour cent.

Dans ces deux cas :

Le *capital nominal* du rentier n'aurait pas éprouvé de *diminution*.

Seulement, son *revenu* se serait trouvé *diminué* d'un *cinquième*.

Mais ce qui était, en *soi*, *indifférent* pour les rentiers, ne l'était *nullement* pour les *traitans*.

Ils savent, et, en cette partie, on peut dire qu'ils sont *passés maîtres*, que, sur la place, il est rare que les cours *dépassent* les *valeurs nominales* du gouvernement, et que quand cela arrive, ce n'est que *passagèrement* et *sans fixité*.

Mais ils *savent* aussi, et des *expériences récentes* les en auront *convaincus*, que, dans l'*état* rsutout où se trouve la France, quelques sacrifices et des *appuis puissans* suffisent pour *élever* les effets du gouvernement jusqu'à leur *valeur nominale*.

On conçoit dès lors qu'il ne pouvait pas leur être *indifférent* de recevoir, soit par *traité*, soit par *achat*, pour un déboursé de 100,000 francs 4,000 fr. de rentes, en 4 pour cent, au cours nominal de 100 fr., ou 4,000 fr., en trois pour cent, au cours de 75 fr.

Dans les deux cas, leur *revenu* était le même, mais leur *capital* nominal était *différent*.

Ainsi, en prenant, *valeur nominale*, des quatre pour cent, ils ne pouvaient avoir qu'un faible *espoir* d'y *gagner*, et ils auraient eu *probabilité* d'y *perdre*.

En prenant, au contraire, des 3 pour cent à 75 fr., quoique leur valeur nominale fût de 100 fr., ils avaient *probabilité* d'y *gagner*, et ils pouvaient même conserver l'*espoir* d'y *gagner trente-trois* pour cent.

Il s'en serait donc fallu de beaucoup que la *nature* du *mode* eût été pour eux *indifférente*.

7 *

Avec une *émission* de trois pour cent, ils
pouvaient avoir *d'immenses bénéfices*.

Avec une *émission* de quatre pour cent,
leurs *chances* de *bénéfice* auraient été *restreintes*, et auraient pu même devenir *chanceuses*.

Ils ont donc dû suggérer et solliciter plutôt
une émission en 3 pour cent au taux de 75 fr.,
qu'une émission en 4 pour cent au pair ; ce qui,
cependant, dans les deux cas, donne un égal
revenu.

Si même ils n'eussent pas été retenus par une
espèce de *pudeur*, sans doute ils auraient encore
plutôt sollicité une émission en 1 pour cent
valeur nominale de 100 fr. donnés à 25 fr.,
plutôt qu'une émission en 3 pour cent valeur
nominale de 100 fr. donnés à 75 fr.

La raison en est simple.

Presque généralement, on ne considère dans
les fluctuations, en hausse ou en baisse, des
fonds publics, que des quotités de francs
considérées comme valeur *absolue*, et non des
quotités de francs considérées comme valeur *relative*.

Ainsi, supposons des 1 pour cent valeur nominale de 100 fr., donnés à 25 fr.

Si ce genre de valeur s'élève à 26 fr., on
dira, assez généralement, que la hausse est
de 1 fr.

Pour être plus exact , il faudrait dire que la hausse est d'un vingt-cinquième (4 pour cent).

Les spéculateurs auraient donc bien plus de facilité à égarer l'ensemble des opinions du public avec des 1 pour cent, qu'avec des 4 pour cent.

En effet, dans tous les aspects relatifs aux placemens en rentes , il faut considérer ,

Le revenu ,

Le capital nominal ,

Et le capital vénal , c'est-à-dire le capital déduit du *cours* de la valeur.

Un homme , par exemple, qui aurait un revenu de 4,000 fr., en 1 pour cent valeur nominale de 100 fr., ne serait pas dans une semblable position qu'un homme qui aurait un revenu de 4,000 fr. , en 4 pour cent valeur nominale de 100 fr.

Supposons que primitivement cet homme eût eu un revenu de 5,000 fr. en 5 pour cent valeur nominale de 100 fr., et qu'on eût voulu le réduire à un revenu de 4,000 fr. , en remplaçant ses 5 pour cent, soit en 4 , soit en 1 pour cent.

Pour donner à cet homme 4,000 fr. de revenu , produit de la réduction d'un cinquième de son revenu primitif , en 4 pour cent valeur nominale de 100 fr., et pour égaliser en même temps, au moins en apparence, son capital de 100,000 fr., il faudrait lui allouer les 4 pour cent au pair de 100 fr. valeur nominale.

Pour lui donner de même 4,000 fr. de revenu, en 3 pour cent valeur nominale de 100 fr., et pour égaliser en même temps, au moins en apparence, son capital de 100,000 fr., il faudrait lui allouer les 3 pour cent à 75 fr.

Pour lui donner 4,000 fr. de revenu, en 1 pour cent valeur nominale de 100 fr., et pour égaliser, au moins en apparence, son capital de 100,000 fr., il faudrait lui allouer les 1 pour cent à 25 fr.

Dans chacun de ces cas, son revenu, réduit d'un cinquième, resterait le même. Mais son capital nominal serait différent.

En voici l'évaluation :

Avec des 5 pour cent au pair. . . 100,000 fr.
Avec des 4 pour cent au pair. . . 100,000 fr.
Avec des 3 pour cent à 75 fr. . . 133,333 fr.
Avec des 1 pour cent à 25 fr. . . 500,000 fr.

Avec des 4 pour cent, les chances de perte seraient donc beaucoup plus nombreuses pour lui que les chances de bénéfice, parce que, ainsi que je l'ai dit, les valeurs nominales des effets du gouvernenement ne peuvent être dépassées que par l'action du *jeu* qui, par sa nature, est très-fugitif, très-oscillant dans sa *direction*.

Avec des 3 pour cent, il pourrait concevoir l'espoir de gagner 33 pour cent, et ne pas beaucoup craindre de perdre, parce que tous les antécédens prouvent que les valeurs du gouvernement ne baissent que *difficilement* au-dessous du taux de leur négociation ; ce qui provient, sans doute, ou du grand fonds de *probité* de notre gouvernement, ou de la *prudence*, pour me servir d'un mot honnête, de ses traitans, qui, relativement à leurs *risques*, calculent toujours *tout au pire*.

Je le répète donc, ce n'a pu être que par un restant de *pudeur* que les traitans se sont, *modestement*, bornés à une émission en 3 pour cent, au lieu d'une émission en 4 pour cent.

Avec une émission en 3 pour cent, nous serons en partie *ruinés*.

Avec une émission en 1 pour cent, nous eussions été, *tous*, contribuables et rentiers, totalement *anéantis*.

Quelle *modération* !

Devons-nous leur en savoir gré ?

Non, car elle était dictée par leur propre intérêt.

« On n'avale pas les gens sans les mâcher. »

Avec *humilité*, je me place, pour un instant, dans la position des traitans, et je me demande quelle marche je devrais suivre pour tirer de mon opération le plus de *profit possible*, sans *m'embarrasser* quel pourrait être *finalement* le sort des derniers porteurs des 3 pour cent. (Encore ici le souvenir de l'un des jeux de notre enfance !)

Voici quelle serait ma *spéculation :*

Avant l'*exécution* du plan de réduction , et avant tous autres porteurs de rentes, j'obtiendrais une *émission* de 3 pour cent.

Je continuerais à soutenir à 80 fr. et même au-dessus , ainsi que j'y serais déjà parvenu *éventuellement*, le *cours* des 3 pour cent français.

Nul doute qu'alors, les porteurs des cinq pour cent, ne *préjugeant* pas au delà du *moment,* préféreraient la réduction de leurs rentes à un *remboursement*.

Cette réduction leur donnerait des 3 pour 100 au cours de 75 fr., alors que leur *valeur vénale* serait de 80 fr., et leur procurerait conséquemment la possibilité d'encaisser un capital de 107 fr. par chaque 5 fr. de leurs cinq pour cent primitifs.

Leur *intérêt pécuniaire,* ce *guide souverain ,* les porterait donc à l'*option* pour la *réduction*.

Dès lors, la *réduction* s'opérerait sans *bourse délier*.

J'aurais remplis vis-à-vis du gouvernement les *obligations* de mon *traité*.

J'encaisserais les 40 millions et plus de bénéfices que j'aurais imposés.

En bien peu de temps je me *débarrasserais* avec *avantage* de tous mes trois pour cent.

J'abandonnerais les autres à *eux-mêmes*.

Lercours *baisserait*.

D'un côté les rentiers *convertis* n'apercevraient plus dans l'*appât*, qui d'abord les aurait *séduits*, que le produit d'une *imagination romanesque* ou *finassière*.

De l'autre côté, les acheteurs voudraient, en plaçant en rentes, obtenir un intérêt de 5 pour cent.

Les premiers porteurs étaient dans une position à se borner à 4 pour cent, se diraient-ils ; ils devaient subir la loi.

Moi qui jouis encore de ma *liberté*, je veux le taux légal de 5 pour cent, et je le voudrai tant que la loi ne sera pas rapportée.

En conséquence ils ne voudraient acheter des 3 pour cent qu'au taux de 60 fr,

Une *débâcle générale* s'ensuivrait.

J'en *profiterais* pour me rendre de nouveau *intéressant* et *nécessaire;* pour faire *parade* de mon *prétendu zèle*, de mon *prétendu dévouement;* pour mériter de nouvelles *actions de grâce*.

J'entamerais de nouvelles *opérations*, avec des combinaisons telles que les *bénéfices* seraient encore pour *moi*, et les *pertes* pour les *autres*, même pour ceux qui se seraient attelés à mon *char;* et ainsi, de *succès* en *succès*, *j'arriverais* à un tel état de *gonflement d'amour-propre* et de *satiété pécuniaire*, que l'apologue du *Bonhomme* pourrait m'être applicable, si mon *excellent sens, droit et sain*, ne me faisait me retirer *à propos*, sans compromettre ma gloire et surtout ma *caisse.*

Mais ce qui était *profitable* aux traitans ne pouvait qu'être désavantageux pour les contribuables.

En effet, par cela même que les chances en *hausse* des quatre pour cent, donnés au pair de 100 fr., étaient beaucoup plus restreintes et moins probables que les chances en hausse des 3 pour cent donnés à 75 fr., une émission en quatre pour cent aurait été moins *désavantageuse*, moins *ruineuse*, pour les contribuables, qu'une *émission* en trois pour cent.

Ainsi, pour *satisfaire* l'*insatiabilité* d'une vingtaine d'individus, on aurait sacrifié *trois millions d'individus*, qui, bien certainement, *méritent*, au moins, autant d'*égards* que les *vampires* de toute nature !

Dans ces deux cas, les rentiers auraient toujours été *sacrifiés.*

D'abord en leur qualité de *rentiers*, puis aussi, *plus* ou *moins*, en leur qualité de *contribuables.*

Et c'est à de si *minces considérations* que tiennent de si *grands résultats !*

Quelques *cents millions* de *bénéfices* pour les

traitans coûteront aux contribuables plusieurs milliards !

Quelles actions de grâces ne devrions-nous pas rendre à *l'excès* d'un tel *dévouement !*

J'avais donc raison en disant :

« Les rapports avec ce qu'on pourrait appeler les « *indispensables* sont *généralement* peu *désira-* « *bles*, et *fréquemment ruineux*. »

J'ai insisté fortement, et sans craindre de me ré-péter, sur ces points, malgré mon désir d'être concis, parce que c'est là le principal *pivot* de la balance définitive de la réduction.

Si les trois pour cent baissent au-dessous de 75 fr., malgré la perspective contraire, *appât* nécessaire pour déterminer l'option, on aura réellement, fût-ce même se fondant sur un droit, lésé les rentiers, et, puisque déjà on laisse entrevoir la *possibilité d'un besoin de nouveaux emprunts,* on ne les aura pas *enhardis* à y toucher, on les aura peut-être même fortement dégoûtés.

Si les trois pour cent doivent s'elever au-dessus de 75 fr.,

Et comment pourrait-on douter de ce résultat, après avoir entendu dire le 28 avril à la tribune par monsieur le Ministre des finances, en parlant des nouvelles rentes trois pour cent :

« Nous pouvons vous assurer qu'elles s'élèveront « bientôt beaucoup au-dessus du prix auquel elles « auront été livrées. »

8.

Si , dis-je, les trois pour cent doivent s'élever au-dessus de 75 fr. ,

Il n'y aura pas réparation de dommage pour l'amortisement.

Il y aura au contraire accroissement de dommage pour l'amortissement.

Et, dans son ensemble, la position dans laquelle nous nous trouvons avant réduction , loin d'être améliorée, sera, pécuniairement et moralement, détériorée.

Nous aurons considérablement accru les sacrifices des contribuables ,

Et lès *propriétaires fonciers* auront à ajouter à leurs sacrifices, déjà *immenses* , de nouveaux sacrifices, non moins *considérables.*

Nous aurons, enfin, commis , envers les rentiers, une injustice dont ils auront long-temps souvenance.

Il resterait dès lors évident que, sous aucun rapport , *le plan ne jouirait de la supériorité que Monsieur le ministre des finances a bien voulu lui attribuer.*

Nous allons en présenter de nouvelles preuves.

* * *

Élémens des calculs relatifs à la réduction.

Je déduirai mes résultats *d'errèmens* et *d'élé-*

mens de *productions* semblables, afin d'arriver à des *comparaisons* aussi *évidentes* qu'*incontestables*.

Je ne négligerai rien de ce qui peut étendre l'importance des *prétendus* soulagemens que la réduction est censée devoir procurer aux contribuables.

En conséquence, je supposerai que l'avantage annuel, résultant de la réduction, serait placé, par les contribuables, pour une opération semblable à celle de l'amortissement, qui serait dotée, annuellement, d'une somme égale à la réduction; que, comme dans l'amortissement, ces fonds seraient employés en acquisitions, qui rapporteraient des intérêts égaux à ceux des rachats, incessamment capitalisés, et productifs des mêmes intérêts.

A chaque taux de rachat, pris comme point de départ, il y aura, nécessairement, changement dans le taux d'interêt, et dans la durée de l'amortissement; mais il n'en existera pas dans la somme annuelle de dotation; elle sera invariable.

Si l'intérêt du taux de rachat, pris comme point de départ, est *moins* élevé, il y aura, nécessairement, *plus* de durée d'amortissement, et, par suite, *moins* d'avantage pour les contribuables.

Si l'intérêt du taux de rachat est plus *élevé*, il y aura, nécessairement, *moins* de durée d'amortissement, et, par suite, *plus* d'avantage pour les contribuables.

Mais, même en supposant rachat au taux de l'intérêt de la réduction, la durée de l'amortissement se trouvera augmentée.

On conçoit en effet facilement que, l'amortissement tirant l'augmentation *magique* de sa puissance de l'intérêt *incessamment capitalisé* de ses
fonds ; cette puissance doit décroître, et moins fructifier proportionnellement à la réduction du taux de
l'intérêt ; qu'ainsi les rentes étant réduites à quatre
pour cent, les arrérages de ses rachats ne lui rap-
porteront que quatre pour cent, tandis qu'ils lui
auraient été payés à raison de cinq pour cent *sans
la réduction.*

Supposons, par exemple, que pour *racheter* la totalité des rentes *rachetables*, la caisse d'amortissement ait à *effectuer* un *débours* de deux milliards,
le *débours* sera le même en *rachetant* les cinq pour
cent à 100 fr. qu'en rachetant après leur réduction
à quatre pour cent, des trois pour cent au cours de
75 fr.

Sous cet aspect, on pourrait penser que la *situation* de la *caisse* ne serait *nullement changée.*

On se *tromperait.*

En effet, la caisse, ne recevant que quatre pour
cent *d'intérêt,* au lieu de cinq pour cent qu'elle
aurait reçus avant *réduction,* aurait chaque année
une dotation moins *importante,* puisque, pour
chaque 100 fr. d'intérêt qu'elle aurait eu à recevoir, elle *n'encaisserait* réellement que 80 fr.

Par cela même elle ne pourrait rassembler les
deux milliards qui lui seraient nécessaires qu'en
plus de *temps ,*

Par cela même la *durée* de l'amortissement se
trouverait *augmentée,*

Les *sacrifices*, résultans pour les contribuables de la *différence* du taux de *l'intérêt* de leur *émission*, comparativement au taux *légal*, se *prolongeraient* par cela même,

Et la *jouissance* que doivent, *finalement*, leur procurer les *opérations* de la *caisse*, seraient *retardées*.

Cette proposition me semble tellement propre à faire *apprécier* aux personnes peu *habituées* à ce genre d'*application* les *motifs* de *ruine* que causerait, dans notre position, la *réduction projetée*, que je me détermine à entrer encore ici dans quelques détails sur ce sujet.

Supposons qu'on négocie trente millions de rente au *pair*, c'est-à-dire à 100 fr. pour 5 fr.

On encaissera une somme de

600,000,000 fr.

Supposons qu'on amortisse ces trente millions au pair, c'est-à-dire à 5 fr. pour 100 fr., avec une dotation annuelle de 10 millions.

Les débours de l'amortissement seront également de

600,000,000 fr.

Et la durée de l'amortissement sera de

27 années 8 mois 1 jour.

Supposons que l'on réduise ces 30 millions de rentes d'un *cinquième*.

La quotité de rentes ne sera plus que de 24 millions :

Au denier vingt-cinq, elle représentera également un capital de

$$600,000,000 \text{ fr.}$$

Supposons que la dotation de la caisse reste la même.

La durée de l'amortissement, c'est-à-dire du remboursement, sera de

$$31 \text{ années } 2 \text{ mois } 16 \text{ jours.}$$

Supposons une nouvelle *réduction*, qui alors sera du *quart*.

Il n'existera plus que 18 millions de rentes, qui, au denier 33 et demi, représentera de même un capital de

$$600,000,000 \text{ fr.}$$

La durée de l'amortissement de ces 18 millions, ou, ce qui revient au même, du remboursement des 600 millions, sera de

$$34^{\text{années}} 10^{\text{mois}} 2^{\text{jours}}.$$

Supposons une nouvelle réduction, qui, alors, sera d'un *tiers*.

Il n'existera plus que 12 millions de rentes, qui représenteront de même un capital de

$$600,000,000 \text{ fr.}$$

La durée de l'amortissement sera de

$$39^{\text{années}}\ 9^{\text{mois}}\ 25^{\text{jours}}.$$

Supposons enfin une nouvelle *réduction*, qui sera alors de 50 pour cent.

Il ne restera plus que 6 millions de rentes,

Qui représenteront de même un capital de

$$600,000,000\ \text{fr.}$$

La durée de l'amortissement de ces 6 millions, ou, ce qui revient au même, du remboursement des 600 millions, sera de

$$46^{\text{années}}\ 2^{\text{mois}}\ 1^{\text{jour}}.$$

. Les durées de l'amortissement seraient donc ainsi qu'il suit :

	années.	mois.	jours.
Sans réduction.	27	8	1
1re réduction.	31	2	16
2e réduction	34	10	2
3e réduction.	39	9	25
4e réduction.	46	2	1

Les augmentations de durée de l'amortissement, par la *réduction*, comparativement à la première durée sans réduction, seraient ainsi qu'il suit :

	années.	mois.	jours.
1re réduction.	3	6	15
2e réduction.	7	2	1
3e réduction.	12	1	24
4e réduction, ...	18	6	2

Il est facile de concevoir, par ces comparaisons de-*durée*, que non seulement la dotation de la caisse, s'élevant à 10 millions, mais que même les 30 millions de rentes, qui, l'un et l'autre, auraient, à l'achèvement de l'amortissement sans réduction, soulagé les contribuables, continueront à les *grever*, pendant tout l'excédant de la durée de l'amortissement.

A la vérité, par *contre*, les contribuables auront eu un soulagement annuel, équivalent à chacune des réductions.

Ce soulagement doit entrer dans la balance du *compte général*, avec *intéréts composés*.

Dès lors s'établit une première *compensation*, dont se déduit une balance *active*, ou une balance *passive*.

Mais, si au lieu d'avoir *négocié* les rentes au denier vingt, c'est-à-dire à 100 fr. pour 5 fr., on les eût négociées au denier 16 2⁄3, c'est-à-dire à 83 fr. 35 cent. pour 5 fr.(intérêt de 6 pour 100),

On aurait eu d'abord perte, résultante du capital encaissé comparativement au capital à rembourser.

Sur cette première source de perte, la prolongation de la durée de l'amortissement n'aurait pas eu d'influence.

Le capital encaissé n'aurait été que de. . . . . 500,000,000 fr.

Au denier vingt, le capital du remboursement serait de. . . . 600,000,000 fr.

Il y aurait donc, sous ce premier aspect, *perte* de. . . . . . 100,000,000 fr.

. Au denier vingt, l'émission de rentes n'aurait dû être, pour un encaissement de

5oo,ooo,ooo fr., que de. . . .	25,000,000 fr.
Elle aurait été de.	3o,ooo,ooo.

Le supplément des débours annuels, pour les contribuables, aurait donc été de. . . . . .   5,ooo,ooo fr.

Cet *excédant* de *débours* ne peut cesser qu'à l'achèvement de l'amortissement.

Ainsi, plus la durée de l'amortissement sera *prolongée*, et plus la somme résultante de l'excédant des débours annuels sera considérable.

Telle est la nouvelle source de perte, résultante de la *prolongation* de la durée de l'amortissement.

Il faut y joindre, comme troisième perte, les frais de débours nécessaires pour effectuer, entre les mains du trésor royal, le versement net nécessaire à l'acquittement des excédans de débours.

On conçoit donc pourquoi, lorsqu'on a émis des rentes au-dessous du *pair*, c'est-à-dire au-dessous de leur valeur nominale, toute *réduction* est un véritable *préjudice* pour les contribuables.

C'est parce que, *forcément*, toute *réduction*, en supposant *fixité* dans la *dotation*, prolonge la *durée* de l'amortissement.

C'est parce que cette *prolongation* de *durée produit* pour les contribuables ;

Une *augmentation* de *débours*, et une *diminution*, ou une *suspension* des *allégemens* que devait leur procurer l'achèvement de l'amortissement.

En général, les combinaisons relatives aux négociations de rentes et à leurs rachats, sujets à l'éventualité des cours, ont dans leurs élémens tant de complication, qu'on éprouve une grande *difficulté* à présenter *clairement* leur *ensemble*.

Mais aussi, par cela même, il est très-facile d'*embrouiller* tellement cet *ensemble*, qu'on éprouve encore plus de difficulté à *débrouiller* qu'à *exposer*.

Telle est la position où l'auteur d'un article inséré dernièrement dans le *Moniteur* a placé ses lecteurs.

L'a-t-il fait dans de *bonnes* ou dans de *mauvaises intentions?*

Qu'importerait, si la *religion* des *chambres* et du *public* s'en trouvait égarée.

On veut *tromper*, ou on *trompe* sans le *vouloir*.

Dans de telles controverses,

La *puissance* des *chiffres* est une *arme* à *deux tranchans*.

Posez des *bases vraies*, les chiffres démontreront l'*évidence* de la *vérité*.

Posez des *bases fausses*, les chiffres démontreront l'*erreur* comme une *évidence* de *vérité*.

Dans les deux cas, les résultats sont exactement calculés et déduits de leurs bases

Il ne s'agirait que de *s'entendre*.

Si vous présentez, comme proposition, que

la base *fausse* est une base *vraie*, le résultat démontrera que la base *vraie* est *fausse*.

C'est ainsi que procède l'auteur de l'article du *Moniteur*.

Ses bases ne sont que des *hypothèses* qui, dans l'espèce, sont d'une existence impossible, et qui, dans leur généralité, sont contraires à tous les ordres de probabilités.

Par suite de l'exécution du projet, les cinq pour cent seront ou *remboursés* ou *échangés;* il n'en existera donc plus sur la place; il n'existera en circulation que des trois pour cent.

Malgré cette position, l'auteur de l'article suppose d'abord que les trois pour cent qui sont délivrés au taux vénal de 75 fr., et qui conséquemment procurent un intérêt de 4 pour 100, éprouveront une amélioration qui les portera au taux vénal de 87 fr. 50 c., taux qui procurera un intérêt de 3 1/2 pour cent.

On peut, sans peine, lui accorder cette fixation, surtout dans les premières époques de l'opération.

Mais l'auteur de l'article suppose en outre des cinq pour cent élevés au taux vénal de 142 fr. 82 c., et procurant dès lors un intérêt de 3 1/2 pour 100.

Ici, l'auteur ne donne aucune explication sur cette seconde hypothèse.

Entend-il parler des cinq pour cent anéantis et remplacés ?

Àlors on lui objecterait avec raison que le taux vénal des cinq pour cent ne s'est jamais *élevé*, à beaucoup près, avant leur réduction, à ce taux vénal de 142 fr. 82 c. ; qu'en conséquence, cette base comparative est complétement *imaginaire*.

Voudrait-il supposer une existence simultanée, sur la place, des *cinq* et des *trois* pour cent ?

On lui objecterait

1° Que, dans l'espèce, cette existence *simultanée* n'a et ne peut avoir lieu ;

2° Que, lors même qu'elle aurait lieu, le taux d'intérêt de ces deux genres de valeurs ne pourrait s'équilibrer :

En premier lieu, parce que les 5 pour cent, ayant dépassé leur valeur nominale, tendraient plutôt à décliner qu'à s'élever ;

En second lieu, parce que les 5 pour cent seraient remboursables, tandis que les 3 pour cent ne le seraient pas, ou du moins ne le seraient qu'à un taux nominal comparativement bien supérieur à celui des 5 pour cent.

En troisième lieu, parce que, le gouvernement, usant du droit de remboursement qu'il dit avoir, dès que les 5 pour cent attéignent leur valeur nominale, en userait, *a fortiori*, bien avant que les 5 pour cent aient pu atteindre le taux vénal de 142 fr. 82 c.

Ainsi, la supposition de l'auteur de l'article *n'existe* pas, n'a *jamais existé*, et ne peut *jamais exister*.

Elle doit donc être rangée dans la classe des *imaginaires*.

Les conséquences qu'on en pourrait déduire seraient donc inapplicables à l'espèce, et ne pourraient être considérées que comme des *solutions* sans *utilité*.

Et c'est sur des *élémens* si *disparates* à *l'espèce*, et dont la *concordance* n'est *qu'imaginaire*, qu'on entendrait déduire de leurs résultats, supposés même *vrais* en eux-mêmes, mais bien réellement *faux* dans leurs applications, des appuis solides au projet !

Que seraient donc devenue la *lucidité d'esprit*, la *sagacité*, et la *perspicacité* de la nation française, si l'on pouvait redouter l'influence de telles assertions.

Tout Français ne devrait-il pas être convaincu que, quand cette admirable nation le veut, elle n'est ni trop crédule ni trop aveugle.

Oui, elle le voudra ; oui, ses mandataires le déclareront à la face de l'univers, et, sur le bord du précipice, la France sera, pour la seconde fois *sauvée*.

Il semblerait, en ne suspectant pas la bonne foi du rédacteur de l'article, qu'il aurait dû s'apercevoir que dans les deux dernières colonnes de son tableau il entassait inutilement des chiffres, pour déduire une proposition qui n'avait aucune coincidence avec les élémens du projet, et pour prouver une chose qui, en soi, est aussi *évidente* que deux et deux font quatre, mais qui, dans son application, est aussi *évidemment fausse* que deux et deux font cinq.

Voici nettement la pose de la question :

Pour encaisser un capital de 4,000,000,000 fr. avec une dotation de 80 millions, et à l'intérêt de 3 et demi pour cent, faudra-t-il plus ou moins de temps que pour encaisser un capital de 3,200,000,000 fr. , avec une dotation de 80 millions, et à l'intérêt de 3 et demi pour cent?

Tout esprit juste, même le moins exercé aux calculs, dirait, à la simple lecture de cette proposition : Il est de toute évidence qu'il faudra plus de temps pour atteindre le premier but que pour atteindre le second : il n'est besoin d'aucun chiffre pour prouver une telle *évidence*.

Telle est cependant la proposition, à la vérité non *expliquée* , j'aime même à croire, par *charité chrétienne*, non *conçue* par l'auteur de l'article, dont l'aspect qu'il présente est la *conséquence*.

D'un côté, l'auteur de l'article suppose 140 millions de rentes en 5 pour cent valeur nominale de 100 fr. pour 5 fr. , au cours de 142 fr. 86 c. pour 5 fr.

D'un autre côté, comme objet de comparaison, il suppose 112 millions de rentes en 3 pour

cent valeur nominale de 100 fr. pour 3 fr.,
au cours de 85 fr. 71 c. pour 3 fr. (1).

Or, 140 millions à 3 et demi pour cent
représentent un capital de

$$4,000,000,000 \text{ fr.}$$

Et 112 millions à 3 et demi pour cent
représentent un capital de

$$3,200,000,000 \text{ fr.}$$

Et l'auteur de l'article voudrait qu'avec les
mêmes puissances, savoir avec dotation de 80
millions et à l'intérêt de 3 et demi pour cent, on
obtînt une somme de 4,000,000,000 fr. dans un
temps qui ne dépassât pas celui nécessaire pour obtenir seulement une somme de 3,200,000,000 fr.

Qu'on est à plaindre d'être forcé de perdre
son temps à démontrer qu'il est de toute fausseté
qu'il fait *nuit* en *plein jour !*

Mais qu'il est bien plus malheureux pour
l'État, pour nos *vénérables* Chambres, d'avoir
de tels conseillers !

Généralement ,
Qui veut trop prouver ne prouve rien.

---

(1) Il y a ici une faute de calcul. Pour que des 3 pour
cent valeur nominal de 100 fr. pour 3 fr. représentent
un intérêt de 3 1/2 pour cent, il faut qu'ils soient portés
à 87 fr. 50 c. pour 3 fr. , et non pas à 85 fr. 71 c., comme
le pose le calculateur du *Moniteur.*

Traiter des Français comme des *niais !*

Cela est par trop *intolérable.*

Ces explications, qui, je crois, étaient *indis-pensables*, doivent suffire pour *convaincre* les personnes même les plus étrangères aux finances, que la *réduction* ne peut manquer d'être rejetée par des chambres *éclairées, bien intentionnées,* et *dévouées* au roi et à la patrie.

Pour éviter toute fausse application, mes opérations seront un *bilan général* de la totalité des *émissions* et des *rachats.*

Comme la réduction ne commencerait qu'en 1824, j'arrêterai d'abord ce bilan au 1er janvier 1824, et je prendrai comme élémens du nouveau compte les balances qui en dériveront.

Comme l'avantage prétendu que la réduction procurerait aux contribuables ne pourrait pas, même dans toutes les suppositions, couvrir à beaucoup près les pertes qu'éprouvent les contribuables par le fait des négociations, et que cet avantage ne serait, à vrai dire, *en supposant même qu'il existât*, qu'une diminution de perte, je porterai ces avantages comme réels et absolus, mais, par contre, je porterai, à la charge des contribuables, les *pertes* résultantes des *négociations.*

Mon *unité* de *comparaison* sera la perte qu'auraient éprouvée les contribuables par le fait des négociations, et par le fait des rachats, antérieurement à 1824, tels qu'ils ont eu lieu, et postérieurement au 1er janvier 1824 , au taux du pair de 100 fr. pour 5 fr.

Si, dans la comparaison d'un taux quelconque de rachats des trois pour cent, la balance est inférieure au montant de la perte prise comme unité, je dirai qu'avec ces bases la réduction présente de l'*avantage*.

Dans le cas contraire, c'est-à-dire si la balance est supérieure au montant de la perte prise comme unité, je dirai que, dans ce cas, la réduction est *désavantageuse*.

Dans les comparaisons, la balance active, pour les contribuables, résultera,

De la moindre somme qu'ils auront, annuellement, à payer, par le fait de la réduction; jouissance qu'ils n'auraient pas eue, pendant toute la durée de l'opération prise comme unité.

Dans les comparaisons, la balance passive, pour les contribuables, résultera :

1º De ce qu'ils devront continuer de payer malgré la réduction, pendant tout l'excédant de la durée de l'amortissement; paiement *continué* dont ils auraient dû être soulagés à l'achèvement de la durée de l'opération prise comme unité;

2º Du résultat de la balance, de quelque nature qu'elle soit, du compte arrêté au 1er janvier 1824; résultat devant se *prolonger* jusqu'à l'achèvement de l'amortissement;

9

3° De la différence entre le capital reçu et le capital déboursé pour l'extinction;

4° Des frais de perception, nécessaires à l'encaissement de tous les déboursés nets, calculés d'après le taux moyen des frais de perception de 1823.

Je prendrai pour bases de mes calculs :

1° Le cours des 3 pour cent à 80 fr., cours inférieur à celui auquel se négocient en ce moment à Londres les 3 pour cent français (1);

2° Les trois pour cent au pair de 100 francs, cours qu'on présente aux rentiers, peut-être avec raison, comme perspective d'*appât*.

J'établirai aussi des balances analogues pour le taux des trois pour cent.,

à 85, — 90 et 95 fr.

Me réservant de publier, par suite, ce que je ne fais pas en ce moment pour ne pas trop alonger cet écrit, les résultats déduits des trois pour cent, à tous les autres taux de 1 en 1 franc, depuis 80 francs jusqu'à 100 francs.

Dans chacune de ces présentations, le taux d'in-

---

(1) Ce fait certain a été attesté par M. Humann, dans son discours à la tribune sur le projet de réduction.

térêt sera uniforme, et les bases communes seront invariables.

Les bases *invariables* seront :

La quotité de rentes rachetables ;

Le soulagement annuel, pour les contribuables, résultant de la réduction ;

Les balances de l'arrêté de compte, au 1er janvier 1824 ;

La dotation annuelle ;

Le taux des frais de perception ;

Et l'augmentation de charge annuelle à partir de 1824, résultante, pour les contribuables, de l'excédant du taux des émissions au-dessus du taux légal.

Les bases *variables*, dépendantes du taux de rachat, pris comme point de départ, seront :

1° L'excédant de durée de l'amortissement, comparativement à la durée de l'opération prise comme unité ;

2° Le taux de l'intérêt, déduit du prix de rachat.

Unité de comparaison.

Perte résultante, pour les contribuables, de l'ensemble de nos émissions de rentes, et de leur rachat effectué, à partir du 1er janvier 1824, pour ce qui en reste, au pair de 100 fr. pour 5 fr.

Nos rentes inscrites s'élèvent
à. . . . . , ... 197,480,266fr.

Ci. . . . .   197,480,266 fr.

Les rentes rachetées s'élèvent
à.   31,912,021.

Il reste donc en rentes rache-
tables. . . . .   165,568,245 fr.

Les 197,480,266 fr. de rentes se composaient
ainsi qu'il suit :

Rentes émises pour négocia-
tions . . . .   95,938,679 fr.

Rentes données en paiement ,
au pair. . . . .   101,541,587.

Ensemble. . . . .   197,480,266 fr.

Les *négociations* ont procuré
un encaissement net de . . . .   1,341,851,574 fr.

Les rentes données en *paie-
mens* représentent un capital de.   2,030,831,740.

Ensemble. . . . .   3,372,683,314 fr.

Ce qui donne par chaque 5 fr.
de rente. . . . .   85 fr. — 39 c.

Les débours de la caisse d'amortissement, pour le
rachat des 31,912,021 fr., se sont
élevés à. . . . .   490,314,006 fr.

Ce qui donne par chaque 5 fr.
de rente. . . . .   76 fr.   82 c.

Au prix de 89 fr. 39 c., prix encaissé par négo -
ciations et emploi des émissions, les débours de
la caisse se seraient élevés à . . . 545,100,000 f.

Ses débours réels ne se sont éle-
vés qu'à. . . . . 490,314,006.

Le bénéfice des rachats a donc
été de. . . . . 54,785,994 f.

Y ajoutant les frais de perception, calculés au taux moyen de
ceux de 1823, savoir 18 fr. 85 c.
pour chaque paiement net de 100
fr., frais qui s'élèvent à. . . . . . . 10,327.000.

On a pour la totalité de la dimi-
nution de débours. . . . . 65,112,994 f.

L'encaissement des 3,372,683,314 fr. n'aurait
du exiger, au cours légal de 5 pour 100, qu'une
émission de rente de. . . . . 168,634,165 f.

L'émission a été de 197,480,266

L'excédant d'arrérages s'élève
donc à. . . . . 28,846,101 f.

Y joignant les frais de percep-
tion de . . . . 5,437,475.

On a pour la totalité du débours 34,283,576 f.

Cet excédant de débours annuel, calculé au taux
de 76 fr. 82 c. pour 5 fr., taux du rachat, s'élève

au 1er janvier 1824, en capital et
en intérêts, à............... 368,100,000 f.

Il faut déduire de ce passif l'actif, qui est de................. 65,112,994

Reste en balance passive au 1er
janvier 1824, à la charge des contribuables, par l'ensemble des émissions et des rachats, au-dessus de
l'intérêt légal .... 302,987,006 f.

A partir du 1er janvier 1824 la dotation annuelle
de la caisse d'amortissement se compose ainsi qu'il
suit (1) :

Rentes déjà rachetées. ...   31,912,021 fr.
Dotation annuelle.......   40,000,000.

Ensemble.....   71,912,021 fr.

Pour racheter avec cette dotation, au taux légal
de 5 pour o/o (100 fr. pour 5 fr.), les 165,568,245 fr.
de rentes rachetables, il faudrait un laps de temps
de

$$23^{\text{années}}\ 9^{\text{mois}}\ 15^{\text{jours}}.$$

Les débours pour ces rachats, faits au pair de

----

(1) Ici je néglige le dernier huitième de la vente des bois
que la caisse doit encaisser en 1824, parce que cet emploi
aurait beaucoup compliqué l'intelligence de ma marche,
parce qu'il n'aurait d'ailleurs rien changé aux comparaisons,
et parce qu'il n'aurait influencé que dans une proportion com-
parablement très-faible les résultats absolus.

100 fr. pour 5 fr., s'élèveraient
à. . . . . 3,311,364,900 fr.

Ils n'auraient dû s'élever, au
taux de 85 fr. 39 c. (taux d'é-
mission), qu'à.. . . . . 2,828,000,000.

L'excédant des débours, formant la première perte, est
donc de. . . . . 483,364,900 fr.

Y joignant les frais de per-
ception de. . . . . 91,110,000.

On a pour la totalité des excédans de débours pour rachats,
formant la première perte . . . 574,474,900 fr.

La balance passive du 1er janvier 1824, calculée
à 5 pour 100, donne, à l'achèvement de l'amortissement, une seconde perte de . 967,300,000 fr.

Les débours, pour l'acquittement de l'excédant
d'arrérages, calculés, à partir du 1er janvier 1824,
sur le pied de 5 pour 100, donnent, à l'achèvement
de l'amortissement, une troisiè-
me perte de . . . . 1,578,544,379 fr.

Réunion des pertes.

Première . . . . 574,474,900 fr.
Deuxième . . . . 967,300,000.
Troisième. . . . . 1,578,544,379.

Ensemble des pertes. . . 3,120,319,279 fr.

De telle sorte que, pour se libérer d'une dette
primitive de. . . . . .3,372,683,316 fr.

Dont l'intérêt, sur le pied de 5 pour cent par
an, qu'on aura acquitté pendant

$$31^{ans}\ 9^{mois}\ 15^{jours.}$$

formait une charge annuelle de. . 168,634,165 fr.

Les contribuables auront, pendant ce laps de
temps, et indépendamment du paiement annuel
es intérêts, été forcés à un débours total de

$$6,493,002,595\ \text{fr.}$$

Qui représente, à *perpétuité*, à partir de l'achèvement de l'amortissement, un *revenu* de

$$324,650,129\ \text{fr.}$$

Revenu presque double de celui de la dette
primitive, qui même aurait dû cesser d'exister à
l'achèvement de l'amortissement.

*Bilan général de l'ensemble de nos rentes ; émises ou né-
gociées au taux moyen de 85 fr. 39 c. pour 5 fr. ; en
partie rachetées, avant le 1ᵉʳ janvier 1824, au taux de
76 fr. 82 c. pour 5 fr. ; la portion qui en restait à cette
époque réduite d'un cinquième ; et cette dernière portion,
provenante de réduction, rachetée au taux de 80 fr.
pour 5 fr. (1)*

Nos rentes inscrites s'élèvent à 197,480,266 fr.
Déduisant les rentes de l'État,
savoir : . . . . 57,000,000.

Reste en rentes passibles de ré-
duction. . . . . 140,480,266 fr..

Dont le cinquième, montant de
la réduction, est de. . . . . . 28,096,053 fr.

Les rentes déjà rachetées par la caisse d'amortissement s'élèvent à. . . . . 31,912,021 fr.
En les déduisant des rentes in-
scrites, savoir : 197,480,266

Reste, en rentes passibles d'amortissement, dans le cas de non-ré-
duction . . . . 165,568,245 fr.

(1) Déjà en Angleterre, les 5 pour cent français se négocient à 81 fr. pour 5 fr.

En déduisant de ces . . . . . 165,568,245 fr.
le montant de la réduction, sa-
voir : 28,096,053

Reste, en rentes passibles d'a-
mortissement, dans le cas de ré-
duction. . . . . 137,472,192 fr.

Avec ou sans réduction, la puissance amortissante se composera ainsi qu'il suit :

Rentes rachetées . . . . 31,912,021 fr.
Dotation annuelle. . . . . 40,000,000.

Ensemble. . . . . 71,912,021 fr.

Dans le cas de réduction, la durée de l'amortissement sera de. . . . . 28 ans 6 mois 22 jours.
Dans le cas de non-réduction,
elle ne serait que de 23   9   15

La prolongation de durée de
l'amortissement serait donc de. . 4 ans 9 mois 7 jours.

L'intérêt réciproque serait de . . . 4 pour 0/0.

Le bénéfice pour les contribuables serait, en
principal et en intérêts, de. 1,136,800,000 fr.(1)

_____

(1) Si les traitans avaient été écaités, cette différence s'é-
lèverait à 1,294,200,000 fr., ce qui porte à 157,400,000 fr.
la commission des traitans, valeur à l'époque de l'achèvement
de l'amortissement.

La perte se composerait ainsi qu'il suit :

Différence entre les débours pour les rachats au pair, et l'encaissement des rentes émises sans réduction. . . . . 574,474,900 fr.

Excédant des débours des contribuables, sans réduction, pour le paiement continué de la dotation de la caisse, et des arrérages de rentes pendant l'excédant de la durée de l'amortissement, en capital et en intérêts. 1,266,500,000.

Balance du compte de 1824, reportée à l'achèvement de l'amortissement, en capital et en intérêts . . . . 861,300,000.

Excédant d'arrérages, depuis la balance de compte jusqu'à l'achèvement de l'amortissement . . . . 1,748,000,000.

Ensemble. . . . . 4,450,274,900 fr.

Le bénéfice serait de . . . . . 1,136,800,000.

La perte réelle serait donc de 3,313,474,900 fr.

La perte sans réduction n'aurait été que de . . . . . . 3,120,319,279 fr.

La perte occasionée par la réduction serait donc de . . . 193,155,621 fr.

*Bilan général de l'ensemble de nos rentes ; émises ou né-
gociées au taux moyen de 85 fr. 39 c. pour 5 fr. ; en
partie rachetées, avant le 1er janvier 1824, au taux de
76 fr. 82 c. ; la portion qui en restait à cette époque réduite d'un cinquième ; et cette dernière portion, provenante de réduction, rachetée au pair de 100 fr. pour 3 fr.*

Je ne présenterai pas ici les bases primitives : ce serait une répétition (1).

Dans le cas de réduction, l'achèvement de l'a-mortissement serait de . . . . . . 35 ans 6 mois « jours.

Dans le cas de non-réduction,
elle ne serait que de. . . . . 23 — 9 — 15.

La prolongation de durée de
l'amortissement serait donc de 11 ans 8 mois 15 jours.

L'intérêt réciproque serait de   3 pour 0/0.

Le bénéfice pour les contribuables serait, en principal et en intérêts, de .   1,036,851,500 fr.

La perte se composerait ainsi qu'il suit :
· Différence entre les débours pour les rachats au

____

(1) Cet écrit étant déjà trop volumineux, je supprime les tableaux des résultats des cours de 85—90—et 95. Si, contre mon *espoir* et mon *attente*, la loi était adoptée, je publierais séparément ces tableaux, et j'y joindrais tous les cours in-termédiaires de 1 en 1 fr.

pair, et l'encaissement des rentes émises, sans réduction. . . . .   574,474,900 fr.

Excédant de débours des contribuables, sans réduction,
pour le paiement continué de
la dotation de la caisse et des arrérages de rentes, pendant l'excédant de la durée de l'amortis-
sement, en capital et en intérêts.   3,533,000,000.

Balance de compte en 1824,
reportée à l'achèvement de l'a-
mortissement, en capital et en
intérêts . . . .   865,300,000.

Surcharge d'arrérages, depuis
la balance de compte jusqu'à
l'achèvement de l'amortissement,
en capital et en intérêts. . . . . .   2,184.400,000.

     Ensemble des pertes. . .   7,157,174,900 fr.

     Le bénéfice serait de. . . . . .   1,036,851,500.

     La perte réelle serait donc de.   6,120,323,400 fr.

La perte sans réduction aurait
été de. . . . .   3,120,319,279.

La perte occasionée par la
réduction serait donc de. . . . .   3,000,004,121 fr.

La *précieuse* faveur qui aurait été accordée aux
contribuables leur coûterait donc près de trois
cent pour cent.

La réduction exposerait en outre le crédit à
toutes les chances des éventualités.

Elle augmenterait la masse des mécontens : ceux-ci, bien certainement, ne le seraient pas sans motifs ; leur ensemble formerait la presque-totalité de la nation.

Et l'on voudrait qu'avec de tels résultats *sinistres*, on *fermât les yeux*, en *adoptant de confiance*.

Non, jamais nos représentans n'auront cette *condescendance ;*

Leurs *lumières*, leur *conscience* et leur devoir s'y opposeront.

Ils craindront, en outre, que, *toute leur vie*, leurs mandans ne leur reprochent d'avoir été. la cause de leur *ruine*, et d'avoir plus fait contre leurs intérêts que n'avaient fait les *malheurs qui ont pesé sur leur tête depuis trente ans.*

Moyen de dissiper les craintes *des rentiers, de ne pas leur enlever le cinquième de leur revenu, et de satisfaire* l'espoir *des contribuables.*

Dès le moment qu'il a été question de réduction, la France s'est divisée en trois catégories *d'intérêts* distinctes :

Les *rentiers*,

Les *contribuables*,

Les *émigrés*.

On a donné de *vives craintes* aux rentiers ;

On a fait *naître l'espoir de soulagement* dans l'âme des contribuables ;

On a placé les *émigrés* dans une position *mixte* d'espoir et d'incertitude.

En formant des *vœux* pour que le plan de réduction n'obtienne pas la *sanction* de la loi, je sens que, dans la position où l'on nous a placés, il faut, *quoi qu'il arrive*, qu'il existe des *mécontens*.

Si la réduction est adoptée, ce sera le rentier qui sera *mécontent*.

Si la réduction n'est pas sanctionnée, les contribuables se plaindront, parce que leur *espoir* sera *déçu*.

Cette alternative m'a fait rechercher s'il n'y aurait pas moyen de contenter tout le monde.

J'y ai *réfléchi*, et je crois en avoir trouvé les moyens.

Ce moyen est *indépendant* de tous ceux qui *constituent* mon *plan*; il ne concerne que les *rentiers* et les *contribuables;* un peu *plus tard*, les *émigrés* trouveront aussi la *source* de l'accomplissement de leur *vœu*.

Ce moyen est *simple*, et ne peut être *réfuté*, parce qu'il *repose* sur des *antécédens authentiques*.

Il n'existe de *frais* de *perception* que parce qu'il est impossible aux contribuables de verser directement au trésor royal le montant de leur *quote part proportionnelle* pour subvenir aux *besoins* de l'État.

Ces deux *débours* sont donc *distincts*.

Dès lors, on peut établir les rapports qui existent entre eux.

Pour établir ces rapports, on peut prendre comme *unité* la *recette brute*, c'est-à-dire l'ensemble des deux débours des contribuables, ou bien la *recette nette*, c'est-à-dire la somme disponible pour le trésor royal, après l'acquittement des *frais* de *perception*.

On conçoit que dans le *premier* cas le *nombre* de *rapport*, exprimant les *frais de perception*, doit être *moindre* qu'il ne le serait dans le *second*.

Je me servirai ici du rapport entre les recettes *nettes* et les *frais de perception;* et je prendrai pour *unité de comparaison* le nombre 100.

Ainsi, si une *recette brutte* de 110 fr. a procuré au trésor une *disposition nette* de 100 fr., je dirai que les *frais* de *perception* ont été de 10 pour cent; ou, ce qui revient au même, pour connaître le débours total des contribuables, il faut ajouter 10 fr. à chaque cent fr. de *recette nette*, *disponible* par le trésor royal.

, En suivant cette marche, on trouve qu'en 1780 les *recettes nettes* se sont élevées à 527,000,000 fr.

Et que les *frais de perception* se sont élevés à . . . . 58,000,000 fr.

Ce qui établit la moyenne des taux de *frais de perception* à. . . . . 11 pour cent.

En 1823, la moyenne des taux de frais de perception s'est élevée à. . . . . . . 18,85 pour cent.

Et d'abord je me demande :

Pourquoi les *frais de perception* seraient-ils, en 1823, plus *élevés* qu'ils ne l'étaient en 1780 ?

Je n'apercevrais, ni dans le prix du *marc d'argent*, ni dans celui des *immeubles*, ni dans celui de *l'intérêt légal*, ni même dans *le prix comparatif des denrées*, aucun motif de *détérioration* à cet égard.

Je n'hésite donc pas à dire que, si l'on en avait *la volonté ferme* et *tenace*, on pourrait *ramener* le taux des *frais de perception* au taux des *frais de perception* en 1780.

Mais, pour donner plus de *facilité*, je ne partirai que de la moyenne de ces deux *extrêmes*.

En 1780. 11   pour cent.
En 1823. . . . . 18,85 pour cent.

Ensemble . . . . 29,85 pour cent.
Moyenne . . . . 14,925 pour cent.

Environ . . . .   15 pour cent.

Que si l'on me disait que de telles *fixations* sont bonnes sur le papier, mais ne peuvent que difficilement se *réaliser*,

Je m'appuierais, pour renverser cette objection, sur un *fait* qu'on ne pourrait pas me *contester*, et qui prouve que ma *fixation* est d'autant plus *admissible* qu'elle a, à très-peu près, eu lieu il y a peu d'années.

En effet, en 1818, les frais de perception ne se. sont *élevés* qu'à . . . . 16,73 pour cent.

Je concevrais donc qu'en principe général, il serait *ordonné*, par une *loi*, que, dorénavant, la *moyenne* des *frais* de *perception* de toute nature ne pourrait *dépasser* . . . . 15 pour cent.

sauf aux ministres à *répartir* ce taux sur chacune des rétributions, en *quotes parts inégales*, suivant les *convenances*.

En partant de cette *base*, voyons quelle serait l'importance de cette fixation.

En 1823, les recettes nettes s'élèvent à . . . . 725,951,895 fr.

En calculant les frais de perception à 15 pour cent, ils s'élèveraient à. . . . . . . 108,892,784 fr.

Ces frais, en 1823, s'élèvent à. 136,852,753.

La diminution des frais serait donc de. . . . . 27,959,969 fr.

autant dire. . . . . 28,000,000 fr.

Les contribuables seraient *annuellement soulagés* de cette somme.

Leur *espoir* ne serait pas *déçu*.

Les rentiers ne verraient pas leurs revenus *diminués*, et, en essuyant leurs *larmes*, ils oublieraient promptement

Les craintes qu'ils auraient eues,

Les *maux* dont on les aurait *menacés*.

Tout le monde serait *content*, à l'exception des *abus*, qui n'auraient qu'à s'en prendre à *eux-mêmes* d'avoir forcé de vouloir, aussi, sérieusement les *réduire*.

Je conçois qu'on peut me dire :

Numériquement, ce mode pourrait atteindre le *but* relatif aux rentiers et aux contribuables, puisque les uns ne *perdraient pas*, et puisque les autres *acquerraient;* mais resterait encore le *but* de *diminuer* le *taux* de *l'intérêt* de nos *valeurs*.

A cela je répondrais, avec la plus intime *conviction*, et en *appuyant* sur les *résultats accablans* que renferme cet écrit :

De tout le plan de réduction, ce dernier *but* est le plus *à craindre*, et le plus *dangereux* dans ses conséquences et dans ses *résultats d'ensemble*.

Je ne saurais donc trop le répéter :

S'il fallait *absolument courber* notre *tête*, on pourrait, *comme contraint et forcé*, consentir à des sacrifices qui fussent également répartis ; mais jamais, *dût-on périr*, on ne devrait prêter la main à l'exécution de la *réduction* des *rentes*.

Le *coup* serait *mortel*.

Mortel pour nos *fortunes*, et, *malheureusement*, probablement pour *notre existence*.

Rapprochement des déterminations possibles, relativement au projet de la réduction des rentes.

En définitive, les déterminations possibles, relativement au projet de la réduction des rentes, se réduisent aux suivantes :

1re *détermination*. Ne rien changer à l'état actuel.

2e *détermination*. Effectuer la réduction des rentes ; et sacrifier les contribuables, en augmentant de près de 100 pour cent la plus-value des sacrifices qu'ils ont déjà à supporter dans l'état actuel.

3e *détermination*. Effectuer la réduction des rentes ; ne pas sacrifier les rentiers ; mais augmenter de près de cent pour cent la plus-value des sacrifices, que, dans l'état actuel, les contribuables ont déjà à supporter.

4e *détermination*. Effectuer la réduction des rentes ; sacrifier les rentiers ; mais ne pas augmenter, par la réduction des rentes, la perte déjà existante pour les contribuables, même la diminuer.

5e *détermination*. Ne sacrifier ni les rentiers, ni les contribuables ; et, au contraire, diminuer de

près de moitié la plus-value des sacrifices que,
dans l'état actuel, ces derniers ont à supporter.

Je vais présenter succinctement les résultats de
chacune de ces cinq déterminations.

Ire DÉTERMINATION.

Ne rien changer à l'état actuel.

On a vu page 135 quels en seraient les résultats.

2e DÉTERMINATION.

*Effectuer la réduction des rentes ; sacrifier les rentiers ; et
sacrifier les contribuables , en augmentant de près de cent
pour cent la plus-value des sacrifices qu'ils ont déjà à
supporter dans l'état actuel.*

Tel est le projet ministériel.
On a vu page 141 quels en seraient les résultats.

3e DÉTERMINATION.

*Effectuer la réduction des rentes ; ne pas sacrifier les ren-
tiers ; mais augmenter de près de 100 pour cent la plus-
value des sacrifices , que, dans l'état actuel, les contribuables ont déjà à supporter.*

Admettons que, *obstinément,* on veuille effectuer la réduction des rentes.

Dans ce cas, je dirais :

Faites-le, puisque tel est votre bon plaisir.
(Puissiez-vous n'avoir jamais à vous le reprocher!)

Mais, au moins, ménagez les intérêts des rentiers, qui, pour vous, d'après les expressions formelles de la Charte, doivent être sacrés.

Dès lors, on *opérerait* la *réduction* en *substituant* aux 5 pour cent des 3 pour cent au taux de 75 fr.

Mais en même temps la somme résultante de la réduction des rentes, ou, si l'on veut, la somme provenante de la réduction des frais de perception d'impositions, serait un nouveau *titre* de *propriété* attribué aux rentiers.

Dans le premier cas, la somme résultante des moindres frais de perception soulagerait les contribuables.

Dans le second cas, la réduction des rentes viendrait à leur décharge.

A cet effet, il serait joint à chaque *coupon* de 1,000 fr. de rentes *rachetables*, un *coupon proportionnel*, ayant pour *gage* les 28,000,000 fr. attribués aux rentiers comme *compensation* de la *réduction* de leurs rentes.

Ces *coupons* auraient droit à des *tirages* qui auraient lieu *chaque année*.

La combinaison de cette *loterie* serait telle que tous les *coupons*, sans *exception*, obtiendraient un *lot*.

Les moindres lots seraient tels, que l'intérêt des *moins favorisés* ne pourrait pas ressortir *au-dessous* de 4 et demi pour cent.

Chaque année, le plus favorisé par la fortune obtiendrait un *lot* de 5oo,ooo francs.

Les trois pour cent ne pourraient être *rembour-sés* qu'au *capital* de 1oo francs.

Ils ne pourraient, sous aucun *prétexte*, être *réduits* ou *remboursés* directement avant vingt-cinq années.

La caisse d'amortissement continuerait à *jouir* de la même *dotation*.

Elle *achèterait* ou *n'achèterait pas* sur la *place*, suivant qu'elle jugerait nécessaire soit de *soutenir* les cours, soit de les *abandonner à leur propre di-rection.*

Quand elle *n'achèterait* pas, elle *emploierait* ses *fonds disponibles* en *placemens* sur les *effets* du *gouvernement*, de manière à obtenir toujours le *résultat* des *intérêts composés.*

Au bout de vingt-cinq ans, les fonds existans comme *actifs* dans la *caisse d'amortissement* ser-viraient à rembourser les trois pour cent qui pourraient encore *rester* sur la place.

En adoptant cette détermination, les rentiers n'éprouveraient aucune perte, ni sur leur revenu, ni sur leur capital.

Mais les contribuables auraient de même à sup-porter une nouvelle augmentation de surcharge de sacrifices dont l'importance s'élèverait à près de cent pour cent de la plus-value des sacrifices pri-mitifs que, dans l'état actuel, c'est-à-dire avant

la réduction des rentes, les contribuables ont déjà
à supporter.

Une *perte* de 6,120,325,400 fr., est, sans doute,
déjà bien *suffisante !*

4ᵉ DÉTERMINATION.

*Effectuer la réduction des rentes ; sacrifier les rentiers; mais
ne pas augmenter, par la réduction des rentes, la perte
déja existante pour les contribuables, même la diminuer.*

Supposons que, malgré nos *efforts* et notre *téna-
cité*, nous nous trouvions à la veille de *succomber*,
et qu'il faille éprouver la *poignante douleur* de
voir *sacrifier* les rentiers,

Nous devrions nous dire :

Contre la force, pas de résistance ;

Mais, au moins, évitons, ne fût-ce que par-
tiellement, d'augmenter de plus de trois milliards la détérioration des contribuables qui, indépendamment même de cet accroissement de détérioration, s'élèverait déjà à plus de trois milliards.

Pour atteindre ce double *but*, voici ce que je
proposerais :

Après avoir laissé l'*option* entre le remboursement *intégral* ou la réduction des rentes, ou réduirait tout ce qui n'aurait pas été remboursé, et on substituerait à chaque 5 fr. de 5 pour cent, 4 fr. en 4 pour cent valeur nominale de 100 fr.

Ces 4 pour cent seraient divisés en trente coupons.

Le remboursement de l'ensemble de ces coupons aurait lieu par trentième, d'année en année, à partir du 1er janvier 1830.

Le tirage assignerait quels seraient les coupons remboursables.

En 1830, l'action amortissante de la caisse d'amortissement cesserait d'exister.

Cependant la caisse ne serait pas supprimée; elle se trouverait seulement transformée en caisse de *réserve*

Sa *dotation annuelle* et ses *moyens accessoires* resteraient les mêmes.

Les *produits* de la réduction des rentes lui seraient *assignés*.

Elle ferait *fructifier* ses moyens actifs, en les appliquant sur la place, soit en achats de rentes, soit à l'achat des valeurs du gouvernement qui auraient le plus besoin d'*appui*.

Ce serait sur les fonds de la caisse que se *prélè-*

veraient les *remboursemens ;* à cet effet son *actif* se trouverait, jusqu'à *extinction* totale, augmenté de toutes les *rentes remboursées.*

Les 28 millions résultans de la réduction des frais de perception d'impositions s'appliqueraient au soulagement des contribuables.

Par ces moyens, en admettant que la réduction amèna , *généralement,* ainsi que le désire et que l'espère le gouvernement, l'intérêt légal au taux de quatre pour cent,

La perte des contribuables , résultante de la réduction des rentes , qui , sans réduction des frais de perception d'impositions , aurait dû être de . . . . 3,120,319,279 fr.

disparaîtrait , et serait remplacée par une diminution sur la dette déjà existante de 845,630,022 fr.

5ᵉ DÉTERMINATION.

Ne sacrifier ni les rentiers ni les contribuables; et, au contraire diminuer, de près de moitié, la plus-value des sacrifices que ces derniers auraient à supporter, sans réduction des rentes.

Tel est le projet de libération que je proposerais de *substituer* à celui de M. le ministre des finances , comme lui étant , sous tous les rapports, bien *préférable.*

Ainsi que nous l'avons démontré, le projet de la réduction des rentes, présenté par M. le ministre des finances, *sacrifie* tout le monde.

Il aurait été au contraire *désirable* que personne ne fût *sacrifié*.

Dans la position de *fait* et *d'impression* où nous a placés le projet de loi, il serait maintenant difficile *d'atteindre* ce but.

Il n'existerait qu'un seul moyen d'y parvenir ; ce serait celui que je propose :

Il consisterait à ne point *réduire* les rentiers, et à *soulager annuellement* les contribuables des 28 millions provenans de la réduction des frais de perception des impositions.

Dès lors la *réduction*, ne se portant que sur des *abus*, loin de provoquer nos *justes réclamations*, exciterait au contraire nos *éloges*.

En se bornant là,

Ni les rentiers, ni les contribuables ne seraient *lésés*.

Les *craintes* des rentiers se dissiperaient ; leur *confiance* surnagerait ; le *crédit* renaîtrait.

L'espoir des contribuables ne se trouverait pas *déçu*.

Le but des conséquences du projet, *vrai* ou *supposé*, *fondé* ou *non fondé*, *réel* ou *imaginaire*, ne serait pas à la vérité *atteint*.

Ce serait là un nouvel *avantage*.

(156)

Si l a *conviction* parvient à toutes les âmes, ce but ne serait heureusement pas *atteint*, parce qu'on aurait reconnu que, dans la position où se trouve la France, en soi il est *dangereux.*

On aurait en cela rendu un véritable *service* au gouvernement.

Il reconnaîtrait sans doute, un peu plus tard, qu'on aurait beaucoup mieux fait, sous l'aspect de la fortune et de la prospérité publiques, qu'il ne préjugeait pouvoir faire.

En effet, en renonçant au projet de réduction , on ne sacrifierait pas des intérêts *réels* et *matériels* à des intérêts *éventuels* et contraires à tous les ordres de probabilités.

Faisons que la balance de notre commerce extérieur devienne *avantageuse*; donnons lui toute *l'extention* dont il peut être susceptible ; et alors embarrassons-nous peu du reste.

Que le taux de l'intérêt soit élevé; son *élévation* ne produira aucun genre de mal.

Que le taux de l'intérêt soit très bas; son *abaissement* n'aura de même aucun danger.

L'influence de cette *élévation* ou de cet *abaissement*, se concentrant dans l'intérieur, ne sera plus que relative, et n'agira conséquemment que sur les *valeurs nominales*, et non sur les *valeurs réelles* des signes représentatifs.

En suivant cette marche, nous éviterons de commettre une *injustice!*

Meos tàm suspicione quàm crimine judico carere oportere. (Suet. Cæs.)

Voilà, dignes représentans de l'incomparable nation française, l'honneur et la gloire qui nous sont réservés.

Vos noms *bénis* par nous passeront à la *postérité*, et seront également *bénis* par nos *neveux.*

Des marches du trône réfléchira sur vous l'éclat resplendissant du glorieux titre, si justement mérité, de *père* du *peuple.*

En ne faisant pas de réduction sur les rentes, mais en faisant une réduction sur les frais de perception d'impositions qu'on appliquerait au soulagement des contribuables,

Les rentiers n'éprouveraient aucune perte, ni sur leur revenu, ni sur leur capital.

Les contribuables obtiendraient une amélioration comparative de......... 1,552,200,000 fr.

Leur perte dans l'état actuel, c'est-à-dire indépendante du projet de réduction des rentes, serait de.................... 3,120,319,279 fr.

Leur perte primitive se trouverait donc réduite de près de moitié, et ne serait plus que de 1,588,119,279 fr.

Comparaison entre le projet présenté par M. le ministre des finances, et le projet que je propose d'y substituer.

En comparant le projet de M. le ministre des finances avec celui que je propose d'y substituer, projet que je viens de détailler dans la cinquième détermination, on trouve entre eux une *différence* de *résultat*, au *désavantage* du projet ministériel, *résultat désavantageux* qui s'élève à.............................. 4,532,204,121 fr.

Qui, au denier vingt, représentent un revenu de

226,610,206 fr.

Cette *différence* est bien assez *considérable* pour être de quelque *poids* dans la balance, et pour *mériter* une *sérieuse attention*.

Conséquences indirectes du projet que je propose de substituer au projet ministériel.

Les motifs de *préférence* du projet que je propose de substituer à celui de M. le ministre des finances ne seraient pas uniquement fondés sur des *avantages pécuniaires*.

Ce nouveau projet *anéantirait* bien certainement, au moins relativement aux rentes, l'*agiotage*, qu'on *déplore*, et dont on *se plaint* avec *juste raison*.

En·effet, si le cours des cinq pour cent *s'élevait* au-dessus de leur valeur nominale de 100 fr. pour 5 fr., la caisse d'amortissement *cesserait* ses achats, et porterait ses placemens sur d'autres valeurs du gouvernement, surtout sur celles qui pourraient avoir besoin de *secours* et d'*appui*.

Si au contraire les cinq pour cent *baissaient* au-dessous de leur .valeur nominale, la caisse reprendrait ses achats, et rétablirait promptement l'équilibre.

La caisse deviendrait réellement alors ce qu'elle aurait dû toujours être, une *puissance équilibrante*.

La rente deviendrait en même temps ce qu'elle aurait dû toujours être, un *placement sûr, commode, convenable*, et d'une *réalisation facile, prompte, et non chanceuse*.

Je me doute bien qu'on objectera que, d'après ce plan, l'intérêt ne baisserait pas au-dessous de l'intérêt légal, et que, si de nouveaux besoins survenaient, on ne pourrait pas emprunter à plus bas prix.

Ce serait justement là, dans la position où nous nous trouvons placés, pourrait-on répondre avec raison, l'un des avantages du nouveau projet.

Et d'ailleurs, cette crainte de voir diminuer les occasions d'emprunter à plus bas prix ne serait pas fondée.

En effet, dans notre position, il ne serait pas *utile*, il serait même *dangereux* de négocier à des intérêts inférieurs à ceux de la loi, des valeurs *assimilables* à nos rentes ; nous l'avons démontré : mais il serait *convenable*, il serait *utile*, il serait *profitable* de négocier à un intérêt inférieur à celui de la loi des valeurs qui ne seraient pas *assimilables* à nos rentes.

Il est certain que l'intérêt de toutes les valeurs du gouvernement ne *s'équilibre* pas : ·

Ainsi, antérieurement à la situation actuelle et passagère de la place, situation *forcée* qui *dénote* des *ressorts* tellement *tendus* qu'ils sont près de se *rompre*, les bons du trésor ne se faisaient-ils pas à 3 pour cent, tandis que les rentes rapportaient encore environ 5 1/2 pour cent ?

Il est donc constant que, si l'intérêt de l'argent est peu élevé, *surtout d'une manière durable*, car c'est là où les *propositions* de monsieur le ministre des finances sont plus que *vulnérables ;* que si, dis-je, l'intérêt de l'argent est peu élevé, le gouvernement, s'il croit avoir des besoins, soit *réels*, soit de *prévision*, peut négocier à bas prix toute autre valeur que des rentes ?

Dirait-il qu'alors les prêteurs se retireraient ?

Je le crois bien, car ce genre de *prêteurs* n'a ni *envie*, ni intérêt de *prêter*.

Leur *spéculation* de *jeu n'existerait* plus.

· Ce ne sont pas des *placemens* qu'ils *veulent ;*

Ce sont des différences sur les capitaux qui leur conviennent.

Ces différences, réalisées en peu de temps, leur *représentent* des *intérêts énormes.*

Mais pour les intérêts *durables,* ils ne s'en embarrassent nullement; ce sont là des os à ronger pour ceux qui prennent leurs places.

Et d'ailleurs, serait-il donc nécessaire de faire de nouvelles négociations ?

N'a-t-on pas toujours *promis,* d'années en années, un soulagement aux contribuables ?

Cette promesse, très-certainement faite de *bonne foi,* ne pourrait se concilier avec l'idée de nouveaux *besoins extraordinaires.*

Rien, depuis ces promesses, ne s'est *détérioré;* tout, au contraire, semblerait s'*améliorer :* il ne doit donc pas y avoir de nouveaux *besoins;* il ne sera pas *heureusement* nécessaire de faire de nouvelles *négociations;* et dès lors ce motif, plus qu'*éventuel,* ne peut entrer pour rien dans la *balance* de *compensation* du *mal* de la *réduction.*

Bases de la réalisation du projet que je propose de substituer au projet ministériel.

Pour réaliser le projet que je propose de substituer à celui de M. le ministre des finances, voici les bases de la loi telle que je la concevrais.

1º Conformément à la loi du 21 floréal an 10, cinquante millions de rentes, faisant partie des 197,480,266 fr. de rentes inscrites sur le grand-livre ne seraient pas remboursées ;

2º Diminuant des 147,480,266 fr., restant après cette réduction des 50 millions, les 31,912,021 fr. de rentes déjà rachetées par la caisse d'amortissement avant le 1er janvier 1824, il ne resterait plus en rentes rachetables que 115,568,245 fr. ;

3º Ces rentes rachetables seraient remboursables, *intégralement* et sans *réduction*, au pair de 100 fr. pour 5 fr. ;

4º Ce remboursement aurait lieu chaque année, dans une proportion *concordante* avec l'actif de la caisse d'amortissement ;

5º A cet effet, toutes les rentes au-dessus de 100 fr. seraient échangées contre des coupons de 100 fr. numérotés ;

6º Chaque année la caisse appellerait à remboursement les numéros qu'elle pourrait rembourser ; elle ne pourrait dans cet appel intervertir l'ordre des numéros ;

7º La caisse continuerait, avec ses fonds disponibles, ses achats sur la place ; elle les appliquerait en rachats de rentes lorsque leur cours baisserait au-dessous de 100 fr. ; mais, lorsque ce cours s'élèverait au-dessus de 100 fr., elle emploierait ses fonds disponibles en achats de valeurs du gonvernement d'une réalisation facile, et qui se trouveraient avoir besoin d'appui ;

8º Les rentes remboursées, de même que les rentes rachetées, deviendraient la propriété de la caisse d'amortissement, jusques à l'achèvement de l'amortissement ou du remboursement;

9º A cet achèvement d'amortissement et de remboursement, les rentes remboursées ou rachetées seraient annihilées, et leur annihilation, ainsi que la suppression de la dotation annuelle, tourneraient au profit des contribuables;

10º Sous aucun prétexte, l'ensemble des frais de perception des contributions de toutes natures ne pourrait dépasser quinze pour cent du produit net. La répartition de ces quinze pour cent serait fixée par des ordonnances. Les 28 millions environ qui proviendraient de cette réduction serviraient uniquement au soulagement des contribuables;

11º Si, dans l'avenir, des besoins déterminaient à de nouvelles négociations de rentes, il serait établi un second grand-livre, distinct en tous points du premier, et les bases et les conditions de ces nouvelles négociations seraient fixées par la loi qui les autoriserait.

Au moyen de ces dispositions,

On se passerait *heureusement* des traitans;

Les contribuables n'auraient pas à supporter une *plus-value* de *charges* de

3,000,004,121 fr.

On *diminuerait* la *perte* des 3,120,319,279 fr., que, dans l'état actuel, et *sans modification*, les contribuables ont à ajouter au remboursement *intégral* en capital et en intérêts de leur *dette primitive*, d'une somme de

1,532,200,000 fr.

Ce qui revient à dire, qu'on *soulagerait* comparativement les contribuables d'une somme totale de

4,652,519,279 fr.

Enfin, l'on ne *contreviendrait* pas aux dispositions de la Charte ; et l'on ne *sacrifierait* pas, sans aucun genre d'*utilité*, les rentiers dont les droits *garantis* devraient être *sacrés*, en leur faisant *pérdre* le *cinquième* de leur *revenu*.

Commettre une *injustice* ; compromettre sa *réputation* et son *credit ; léser* ses *créanciers ; léser* bien plus fortement encore les *contribuables ;* et tout cela dans la seule *perspective* de l'espoir plus qu'*éventuel*, plus que *chanceux*, plus qu'*improbable*, d'une *diminution générale* du taux de l'intérêt, et des *conséquences* d'une telle diminution, conséquences *nulles* pour l'intérieur, et *défavorables* pour l'extérieur,

Serait-ce là ce qu'on pourrait qualifier de *prudence!*

« A leur naissance, les fautes financières n'ap-
« paraissent que comme un point de mirage. Bien-
« tôt elles engloutissent tout ce qu'elles envelop-
« pent.

« Un seul moment d'*irréflexion* est souvent,
« pour les Etats comme pour les particuliers, une
« source éloignée, mais inévitable, des boulever-
« semens et des tourmentes. »

*De la réduction de la dotation de la caisse d'amortisse-
ment.*

Lors de la discussion sur le projet de la réduction des rentes, plusieurs personnes ont émis l'o-
pinion qu'il serait plus avantageux de réduire la
dotation de la caisse d'amortissement que de réduire les rentes.

Primitivement messieurs les émigrés avaient de
leur côté pensé qu'on pourrait trouver dans une
réduction de la dotation de la caisse d'amortissement matière aux *indemnités* qu'ils réclament.

Recherchons quels auraient été les résultats de
ces diverses dispositions avant la réduction des
rentes, et quels ils seraient après cette réduction.

J'ai prouvé matériellement, dans l'ouvrage dont
cet opuscule est extrait, que, dans la position où

nous avaient placés nos négociations et nos rachats de rentes, nos *pertes* seraient d'autant *moindres* que la dotation de la caisse d'amortissement serait *plus considérable.*

Avant la présentation du projet de réduction, la dotation de la caisse d'amortissement s'élevait à

71,912,021 fr.

La *durée* de l'amortissement aurait été de

23 années, 9 mois, 15 jours.

La *perte*, indépendante de l'acquittement *intégral* de la dette primitive, et de ses intérêts, pendant 23 années, 9 mois, 15 jours, aurait été de

3,120,319,279 fr.

Voyons d'abord quelles auraient été les modifications survenues dans ces deux derniers résultats, par le fait d'une *élévation* de la dotation de la caisse d'amortissement jusqu'à

100,000,000 fr.

Dans ce cas, les pertes se fussent composées ainsi qu'il suit :

Différence entre les débours pour les rachats au pair, et l'encaissement des rentes émises, sans réduction (page 135) . . . .   574,474,900 fr.

Balance des comptes de 1824, reportée à l'achèvement de l'amortissement, en capital et en intérêts (page 134) . . . .   780,800,000.

Surcharge d'arrérages depuis la balance du compte jusqu'à l'achèvement de l'amortissement (page 133) . . . .   1,135,244,379.

Ensemble des pertes. . .   2,490,519,279 fr.

Avec dotation de 71,912,021 francs, elle aurait été de. . . .   3,120,319,279.

L'*amélioration* par l'augmentation de dotation aurait donc été de. . . . .   629,800,000 fr.

Voyons de même quelles auraient été les *améliorations*, ou, ce qui est la même chose, les *dimi-*

nutions de pertes qu'eût procurées une dota‑
tion de

200,000,000 fr.

Dans ce cas, les *pertes* se fussent composées ainsi qu'il suit :

Différence entre les débours pour les rachats au pair et l'encaissement des rentes émises, sans réduction (page 135) . . . . . 574,474,900 fr.

Balance de compte en 1824, reporté à l'achèvement de l'a‑mortissement, en capital et en intérêts (page 134) . . . . 541,900,000.

Surcharge d'arrérages, de‑puis la balance du compte jus‑qu'à l'achèvement de l'amor‑tissement (page 133). . . . . . 567,644,379.

Ensemble des pertes. . . 1,684,019,279 fr.

Avec dotation de 71,912,021 francs elle aurait été de. . . . 3,120,319,279.

L'amélioration par l'augmen‑tation de dotation aurait donc été de . . . . 1,436,300,000 fr.

Voyons enfin quelle aurait été la position réelle des contribuables avec une dotation réduite à

40,000,000 fr.

Dans ce cas la *perte* se fût composée ainsi qu'il suit :

Différence entre les débours pour les rachats au pair, et l'encaissement des rentes émises, sans réduction (page 135). . . . .   574,474,900 fr.

Balance du compte de 1824, reporté à l'achèvement de l'amortissement, en capital et en intérêts (page 134). . . . .   1,497,500,000.

Surcharge d'arrérages, depuis la balance du compte, jusqu'à l'achèvement, de l'amortissement (page 133). . . . .   2,838,544,379.

Ensemble des pertes. . . . . .   4,910,519,279 fr.

Avec dotation de 71,912,021 fr. elle aurait été de . . . .   3,120,319,279.

La *détérioration* par la *diminution* de dotation aurait donc été de . . . .   1,790,200,000 fr.

Comparaison sous l'aspect de durée de l'amortissement.

Les excédans de durée d'amortissement ont deux genres d'influence.

L'une de ces influences porte sur les résultats pécuniaires.

L'autre influence porte sur la *continuation* de gêne, et sur le *reculement* de la possibilité de supprimer plus de 400 millions de perceptions, possibilité qu'un bon plan de finances procurerait.

Le *point* de *comparaison* sera la *durée* de l'amortissement, sans aucune modification à l'état actuel, si ce n'est que la caisse d'amortissement cesserait ses achats lorsque le cours des rentes s'élèverait au-dessus du prix de 100 fr. par 5 fr., et qu'elle ferait, pendant cette suspension d'achats, fructifier sur d'autres valeurs ses fonds disponibles.

Dotation de 200 millions.

Durée de comparaison avec dotation actuelle de 71,912,021 fr. 25 années 9 mois 15 jours.

En supposant 200 millions de dotation. . . . . 11 — 11 — 0

Diminution de durée, avec *augmentation* de dotation. . . 11 années 10 mois 15 jours.

Dotation de 100 millions.

Durée de comparaison avec do-
tation actuelle de 71,912,021 fr. 23^{années} 9^{mois} 15^{jours}.

En supposant 100 millions
de dotation. . . . . 19 — 4 — 24

Diminution de durée avec
augmentation de dotation. . . 4^{années} 4 21^{jours}.

Dotation de 40 millions.

Durée de comparaison avec do-
tation actuelle de 71,912,021 fr. 23^{années} 9^{mois} 15^{jours}.

En supposant 40 millions
seulement de dotation. . . . . 32 — 9 — 0

Augmentation de durée avec
diminution de dotation. . . . . 8^{années} 11^{mois} 15^{jours}.

*Comparaison, sous l'aspect des différences numériques,
entre les plus-values de perte à supporter par les contribuables.*

Je prends pour point de comparaison la plus-
value de *perte* résultante de notre situation actuelle.

Avec dotation de 200 millions.

Terme de comparaison. . . . 3,120,319,279 fr.
En supposant 200 millions de
dotation, la *perte* serait de. . . . 1,684,019,279.

La *bonification*, par le fait,
de l'*augmentation* de dotation
serait donc de. . . . . 1,436,300,000 fr.

Avec dotation de 100 millions

Terme de comparaison. . . . 3,120,319,279 fr.
En supposant 100 millions
de dotation, la *perte* serait de 2,490,519,279.

La *bonification*, par le fait
de l'*augmentation* de dotation,
serait donc de . . . . 629,800,000 fr.

Avec dotation réduite à 40 millions.

Terme de comparaison. . . . 3,120,319,279 fr.
En supposant dotation ré-
duite à 40 millions. . . . . . . 4,910,519,279.

La *détérioration*, par le fait
de la *diminution* de dotation de
la caisse d'amortissement, se-
rait donc de. . . . . 1,790,200,000 fr.

Rapprochement des différences de durées, en prenant pour unité de durée la situation actuelle, sans modification.

Diminution de durée

Avec dotation de 200 millions, *moindre* durée...... 11 années 10 mois 15 jours.

Avec dotation de 100 millions, *moindre* durée....... 4 — 4 — 21

Augmentation de durée.

Avec dotation réduite à 40 millions, *prolongation* de durée   8 années 11 mois 15 jours.

Rapprochemens des différences de plus-values de pertes, *pour les contribuables, en prenant pour unité la situation actuelle, sans modification.*

Amélioration.

Avec dotation de 200 millions................. 1,436,300,000 fr.

Avec dotation de 100 millions................. 629,800,000 fr.

Détérioration.

Avec dotation réduite à 40 millions................ 1,790,200,000 fr.

Il résulte de ces comparaisons que, dans la position où se trouvent les contribuables, en écartant le mal imminent de la *réduction* des rentes, le seul moyen de *soulager* les contribuables aurait été de les *surcharger* momentanément autant qu'ils auraient pu le supporter, et que, loin de les *soulager*, en *diminuant* la dotation de la caisse d'amortissement, on ne ferait qu'*augmenter* considérablement leur *surcharge*.

Les personnes qui insistaient pour une *réduction* sur la dotation de la caisse d'amortissement n'avaient sans doute par assez *mûri* cet objet.

Elles présentaient, sous ces aspects, trop de points vulnérables.

On n'en a pas profité, soit qu'on n'*entrevît* pas les réfutations possibles, soit qu'on se crût trop *assuré* du *succès*, pour porter préjudice aux traitans, en retardant la sanction parlementaire.

Mais ce qu'on n'a pas fait aujourd'hui, disposons-nous, *nous*, à le faire, si, par suite, se rappelant l'espèce de *réserve*, qu'on a annoncée, d'*entamer*, dans l'*avenir*, les fonds de la caisse, le cas y échéant, on voulait, pour quelques dispositions que ce fût, puiser, avant complément d'amortissement, des ressources dans une dotation qui, loin de pouvoir être diminuée, devrait, si on l'*assujettissait* à l'obéissance aux *lois*, être au contraire *augmentée*.

En effet, la loi du 29 floréal an 10, loi qui n'est pas rapportée, et qui, jusqu'à ce qu'elle le soit, doit faire autorité, s'exprime en ces termes :

« Les cinq pour cent consolidés ne pourront,
« dans aucuns temps, excéder 50 millions; et si,
« par l'état des consolidations restant à faire, en

« vertu des lois existantes , ou par des emprunts
« que la loi autoriserait, la dette se trouvait aug-
« mentée au delà de cinquante millions, cette aug-
« mentation ne pourrait être faite , sans qu'il soit
« affecté un fonds d'amortissement suffisant pour
« amortir au plus tard en quinze ans l'excédant
« des cinquante millions. »

Pour se conformer pleinement à cette loi , il
aurait fallu calculer les 15 années, données pourle
rachat, à partir des émissions : comme cela n'a pas
été fait, à beaucoup près, délaissons cette position
qui serait plus avantageuse à ma proposition ; ne
partons que du 1er janvier 1824 , et considérons
comme dotation annuelle non seulement les
40 millons de dotation annuelle , mais encore
les 31,912,921 fr. d'arrérages des rentes rachetées.

La masse des rentes inscrites
est de. . . . .   197,480,266 fr.
Défalquant les rentes rache-
tées. . . . .   31,912,021.
                                        ____
Reste . . . .   165,567,245 fr.
Défalquant en outre la por-
tion immobilisée, réservée par
la loi. . . . .   50,000,000.
                                        ____
On n'aurait plus à amortir
que. . . . .   115,567,246 fr.

Pour racheter, en quinze années ces 115,567,245 f.
de rentes, passibles d'amortissement, au prix de
100 fr. pour 5 fr., il faudrait une dotation
de. . . . .   102,000,000 fr.

La totalité de la dotation n'est
aujourd'hui, que de . . . .   71,912,021.

Loin donc de pouvoir *diminuer* la dotation de la caisse
d'amortissement, il faudrait, au
contraire, pour se conformer
à la loi, l'*augmenter* de . . . . .   30,087,979 fr.

Ainsi, sous cet aspect, on ne pourrait pas, pour
le présent, faire aucune *réduction* sur la dotation
de la caisse d'amortissement; on devrait, au contraire, *accroître* cette dotation.

On ne pourrait pas davantage, pour *l'avenir,*
puiser aucun secours, sous quelque prétexte que
ce fût, même en soi légitime, dans la dotation
successivement *croissante* de la caisse d'amortis=
sement.

---

*Position dans laquelle nous place la réduction des rentes,
eu égard à la loi du 29 floréal an 10.*

Après réduction d'un cinquième sur les rentes, la

portion passible de rachat serait
de . . . . 157,472,192 fr.

Il faut en ôter la portion, *réduite*, *immobilisée* par la loi,
savoir . . . . 40,000,000.

Resterait comme *passible* d'a-
mortissement. . . . . 97,472,192 fr.

Pour racheter, en 15 années, ces 97,472,192 fr.
à l'intérêt de 3 pour cent, il faudrait une dotation de. . . . . 239,200,000 fr.

La totalité de la dotation ac-
tuelle n'est que de. . . . . 71,912,021.

Loin donc de pouvoir *diminuer* la dotation de la caisse d'a-
mortissement, il faudrait, après
la réduction des rentes, pour
se conformer à la loi, *augmen-
ter* cette dotation de. . . . . . . 167,287,979 fr.

Ce nouvel aspect de la réduction n'est pas moins
affligeant que les autres;

Ou il faut, d'une manière *absolue*, *contrevenir*
à la loi; ou si l'on voulait *respecter* au moins la
loi, il faudrait *augmenter* la dotation de la caisse
d'amortissement, et conséquemment faire *supporter* aux contribuables une *surcharge* annuelle

de. . . . .   167,287,979 fr.

On ne leur aurait *accordé*
qu'une *décharge* de 28,096,192
francs, et encore aux dépens de
qui ? des rentiers, d'une partie
d'eux-mêmes. . . . .   28,096,192. .
L'*augmentation* de *surcharge*
serait donc encore de. . . . . . .   139,191,787 fr.

Plus on retourne cette opération, pour la considérer sous ses diverses faces, et plus la masse de
ses résultats *accablans* acquiert d'*énergie*.

Et dans une telle position, tout citoyen qui
apprécie le genre de *liberté* que lui *assure* la
Charte pourrait se *résoudre* à garder le *silence!*

Non.

Vivre sous des Bourbons, et *s'avilir* par excès
d'*insouciance* ou de *faiblesse* :

Ces deux positions ne sont pas *compatibles;*
du moins, j'en ai le *sentiment*.

Quant à moi, qui n'ai pas une obole de rentes
sur le grand-livre, qui ne suis ni *vendeur* ni *ache-*
teur à *termes*, dont la fortune est totalement
étrangère à ce genre de placement,

J'en appelle, non à ce qu'on nomme la *posté-*
rité, mais seulement à *dix* années d'*expérience*.

Sans *crainte,* et avec la plus intime *conviction,*
Je *prophétise,*
Et je me rendrais *garant* sur ma tête de *l'avenir.*

Je pose donc, comme proposition *inébranlable,* qu'il ne se passera pas dix années avant que toute la nation française ne soit pleinement convaincue des résultats *ruineux* du projet de réduction.

Puissé-je vivre encore à cette époque, et m'exposer, la *tête levée,* au jugement *souverain* du public, pour recevoir de lui, si mes bonnes *intentions m'égarent,* le *coup mortel* d'avoir *osé affirmer,* dans des objets *éventuels;* ou pour entendre prononcer la seule *réflexion* que, dans sa *générosité,* la *grande* nation pourra adresser aux auteurs du plan :

Vous aviez pleinement raison en disant :

« Tout est lié dans le bien comme dans le mal,
« dans le vrai comme dans le faux : entrez dans la
« bonne voie, tous les résultats sont bons, éga-
« rez-vous dans la mauvaise, tout vous tournera
« à mal. »

D'une diminution de la dotation de la caisse d'amortissement, pour subvenir aux indemnités qu'on a fait pressentir à messieurs les émigrés.

Les expressions des discours de monsieur le ministre des finances, relativement à la réduction des rentes, sont si *formelles*, qu'il est impossible de de ne pas regarder comme certain que, *heureusement*, le produit de la réduction tournera au profit du *soulagement* des-contribuables, et non au profit de messieurs les émigrés.

S'il pouvait en être autrement, on se rappellerait sans doute cette pensée, souvent applicable dans les rapports d'intérêts,

« *Donner* et *retenir*, c'est *pire* que *dérober*. »

Cependant il faudra bien trouver quelque part *matière suffisante* pour satisfaire à des indemnités formellement *promises*.

On ne peut que *préjuger* à cet égard les intentions de M. le ministre des finances : je ne dis pas ses intentions de *réalisation*, car maintenant il n'y a plus à *reculer* à ce sujet ; mais je dis ses intentions d'*exécution*.

Il semblerait que nous pourrions fonder notre *prévision*, relativement à cette intention d'exécution, sur quelques unes des propositions des discours de M. le ministre des finances.

En combattant les opinions des personnes qui voulaient substituer au projet de réduction des rentes une réduction de la dotation de la caisse d'amortissment, il laissait entrevoir que, relativement à cette dernière réduction, le moment n'était pas *opportun*, mais que *plus tard* on pourrait y *revenir*.

« On pourra plus tard , a-t-il dit , réduire la
« caisse d'amortissement ; mais ce n'est sans doute
« pas maintenant qu'on voudrait la dépouiller. »

Serait-ce donc dans cette seconde réduction
qu'*ultérieurement* on aurait l'intention de puiser
le *matériel* des *indemnités ?*

Je ne sais si c'est là le projet, mais du moins
cela ne semble pas *invraisemblable.*

A tout hasard, supposons cette *réalisation,* et
recherchons quels en seraient les résultats dans la
position où nous place la réduction des rentes.

Position mixte

et plus que chanceuse

dans laquelle la réduction des rentes place MM. les

émigrés prétendant à des indemnités.

Cette discussion, très-intéressante par ses résultats et par ses conséquences, pourrait aussi avoir
pour épigraphe cette proposition de M. le ministre des finances.

« Tout est lié dans le bien comme dans le mal ;
« dans le vrai comme dans le faux : entrez dans la
« bonne voie, tous les résultats sont bons ; éga-
« rez-vous dans la mauvaise, tout vous tournera
« a mal. »

Combien la position de MM. les émigrés, qui jusqu'ici se sont *contentés d'espoir* et de *promesses,* peut, dans cette situation, devenir *critique.*

Ils ne pourraient *aspirer* à la part de la *réduction* des rentes.

Ils ne pourraient raisonnablement fonder leur espoir sur une *réduction* de la dotation de la caisse d'amortissement.

Ils se diraient sans doute alors, en supposant qu'ils *bornassent* là leurs *reproches :*

L'espoir déçu est pire que le mal même.

La dotation actuelle de la caisse d'amortissement s'élève à............... 71,912,021 fr.

Si l'on en prenait pour les indemnités une somme équivalente à la réduction des rentes, savoir : ... 28,096,053 fr.

Il ne resterait plus que........ 43,815,968 fr.

Les rentes rachetables se trouveraient augmentées de ces................. 28,096,053 fr.

Déjà elles s'élèveront après la réduction à.................... 137,472,192 fr.

La totalité des rentes rachetables s'élèverait donc toujours à...... 165,568,245 fr.

Pour racheter 165,568,245 fr. de rentes, à

l'intérêt de 3 pour cent, avec une dotation de 43,815,968 fr. ,

Il faut un laps de temps de

52 années , 1 mois , 17 jours.

La perte se composerait ainsi qu'il suit :

Différence entre les débours, pour les rachats au pair, et l'encaissement des rentes émises, sans réduction (page 135). . . . .   574,474,900 fr.

Excédant des débours des contribuables, sans réduction, pour le paiement continué de la dotation de la caisse et des arrérages des rentes, pendant l'excédant de la durée de l'amortissement, en capital et en intérêts (page 134). . . . . 11,200,000,000.

Balance de compte de 1824, reporté à l'achèvement de l'amortissement, en capital et en intérêts (page 133). . . . . 1,414,500,000.

Surcharge d'arrérages, depuis la balance de compte jusqu'à l'achèvement de l'amortissement, en capital et en intérêts. . . . . 4,318,900,000 fr.

Ensemble. . . . . 17,507,874,900 fr.

Report.......... 17,507,874,900 fr.

A défalquer le bénéfice résultant de la réduction sur les rentes....................... 1,036,500,000.

Reste net..........16,471,374,900 fr.

La perte primitive ne se se-
rait élevée qu'à............. 3,120,319,27 f

La perte additionnelle à cette
perte primitive serait donc de. 13,351,055,621 fr.

Ainsi, après avoir payé intégralement, en capital et en intérêts, notre dette primitive, qui ne
s'élevait qu'à

3,372,683,318 fr.,

Une *mauvaise gestion financière, irréfléchie*
et *mal dirigée*, nous aurait coûté un *surcroît* de
sacrifice dont l'importance s'élèverait à

16,003,374,900 fr.

Représentant au denier légal de 5 pour cent, à
partir de l'achèvement de l'amortissement, un
revenu de

800,168,745 fr.

C'est-à-dire, le cinquième de la totalité du
revenu des richesses territoriales, mobilières et in-
dustrielles de la France.

Et l'on pourrait se flatter qu'après de tels *échecs*, on confiât *aveuglement* sa fortune à de semblables *impulsions* !

Dût la mienne s'anéantir, je le préférerais, plutôt que de la voir *s'éparpiller* par des mesures *repoussées* par ma *raison* et par mes *sensations*, et plutôt que d'être assez *lâche*, sous une telle *oppression*, pour garder le *silence*.

Résultats pécuniaires d'une émission en 4 pour cent, comparés aux résultats pécuniaires d'une émission en 3 pour cent.

Ainsi que je n'ai cessé de le répéter, les probabilités des chances *désavantageuses* du projet de la réduction des rentes ont pour principal fondement une *émission* en *trois* pour cent, au lieu d'une *émission* en *quatre* pour cent.

Si la *bonne étoile* de la France eût permis qu'on se fût arrêté à une émission en quatre pour cent, on n'aurait vu, dans le projet, que des *possibilités* d'améliorations de *conséquences*, et on n'aurait pas été entravé dans cet espoir par une *certitude absolue* d'une *perte énorme* et *assurée*.

Une émission en quatre pour cent, dira-t-on, aurait sans doute *éloigné* les traitans.

Hélas! que de *regrets !*
Sans *eux*, pas d'*opération.*
Quelle *calamité!*
Quelle *bonne fortune !*
Précieuse alternative !

Manquer de traitans, quand il y a *matière* à *lucre !*

Ne serait-ce pas jouer de *malheur?*

Cela s'est-il jamais vu?

Est-il un seul pays *prospère*, dans lequel on ait éprouvé un si *déplorable revers ?*

Un traitant *boude :* dix autres le remplacent.

Heureusement! tous n'ont pas des *prétentions également ambitieuses.*

Dans le nombre, il peut, parfois, s'en trouver qui n'imposent que des conditions *quelque peu* moins *ruineuses.*

Qu'on se *rassure* donc.

Bien *certainement*, on n'aurait pas manqué de traitans, et même on n'aurait pas *perdu* ceux qu'on semble *affectionner.*

De *guerre las*, ne pouvant *mieux faire*, et faisant déjà *supérieurement* dans leurs intérêts, ils se seraient sans doute *sacrifiés*, en se bornant à des *bénéfices* un peu moins *exorbitans*, un peu moins *disproportionnés* avec l'apparence de réalité de leurs *prétendus services.*

Généralement, ceux qui, dans une négociation,

travaillent plus pour *eux* que pour les *autres*, devraient *donner*, plutôt que *recevoir.*

Mais comme, dans les rapports financiers, cet usage n'a pas encore prévalu, les traitans, supportant aussi de leur côté une petite *réduction*, s'en seraient, qu'on se garde d'en douter, bien *amplement* dédommagés, soit par des *intercalations* de détails dans les traités, intercalations en apparence peu *importantes*, soit par des opérations *accessoires* fondées, dès leur *origine*, sur une *prévision assurée* et *garantie.*

Le plus souvent de telles *épices* sont bien plus encore *lucratives* que le *fonds* même.

En suivant cette *tactique fructifère,*

On réunit à l'*accumulation* des *gains* une *apparence fascinante* de *générosité*, d'*abandon*, de *dévouement* et de *déférence* aux *exigences.*

Quoi qu'il en soit, et dans tous les cas,

Puisse le ciel, dans sa *colère*, nous *préserver* de semblables *amis !*

Le *poli*, peu durable, qu'engendre leur *attouchement*, n'est que le résultat d'un *mordant* par trop *corrosif.*

Les traitans expérimentés, ceux surtout qui ont blanchi sous le collier, ou qui sont nés avec le don de *prédestination*, savent, *malheureusement*, employer, avec *adresse*, une *tactique immanquable* pour *accaparer* la *sensation* de *conviction* des personnes qui, quoique douées des meilleures *intentions*, n'ont cependant pas encore acquis, par une *maturité* de recherches et d'expériences, les données suffisantes pour *approfondir* des objets qui ne peuvent présenter des aspects *vrais* et *incontestables* que dans l'*ensemble* de leurs *élémens* et de leurs *conséquences*.

Ces personnes sont, en général, d'autant plus *tenaces* dans leurs *impressions*, qu'elles ont plus de *droiture* dans le *caractère;* qu'elles ont plus de *confiance* dans ceux qui, en leur *suscitant* de faire le *bien général*, n'ont *en vue* que leur *bien particulier;* et que ces conseillers *tacticiens* mettent plus d'*art* à ne leur laisser entrevoir que le *beau côté* de la production de leur *génie*.

Je suis loin de penser qu'aucun de nos administrateurs puisse être rangé dans cette catégorie.

Je ne parle donc qu'en thèse général.

Mais ce dont je suis au moins bien intimement convaincu, c'est que, depuis des siècles, nos *désastres financiers* ont eu pour *origine* des *suggestions intéressées* et bien *combinées*, présentées à des personnes pour la plupart irréprochables,

Irréprochables !

Je mets de côté, non seulement les *capitulations* de conscience, mais même cette pensée, vraie pour moi, que l'un des *élémens* de la probité d'un administrateur, tenant les rênes de l'Etat, devrait être de ne rien adopter, et de ne rien exécuter qui fût préjudiciable aux intérêts privés et généraux.

Présentées, dis-je, à des personnes probes, qui malgré leur capacité en tous genres, malgré leur aptitude à l'incorporation de toutes natures de *lumières*, et, seulement, faute d'études et de *temps* suffisans pour atteindre la perfection, ne sont pas assez *consolidées* pour être invulnérables, et n'ont pas encore des yeux assez *perçans* pour bien *entrevoir* et *démêler* ce qu'on *sous-entend*, conséquemment pour le balancer, ce qui serait *indispensable*, avec ce qu'on met *en avant*, avec ce qu'on *assimile* à une *panacée*.

Et enfin, pour *déduire* d'une telle balance le *produit net*, soit en *actif*, soit en *passif*, d'un tel *effort d'imagination*,

M. le ministre des finances assure

1° Qu'il n'aurait pas pu trouver à emprunter, même à 6 pour cent, en rentes de 6 pour cent;

2° Que cependant ses traitans lui *prêtent* à 4 pour cent.

Or, comme ces traitans ne sont pas de la nature de ces *gens* qui font la *guerre* à leurs *dépens*; qu'au contraire, ils sont de la nature de ceux qui *donnent quelque chose* pour recevoir beaucoup;

Il en résulte qu'*incontestablement* ils ont établi leurs *combinaisons* de manière à avoir, au moins indirectement, plus de 6 pour cent d'intérêts.

Qu'obtiendrait-on par la réduction?

Un pour cent de remise sur l'intérêt de la dette publique.

Que paierait-on pour cette réduction ?

Trente-trois pour cent d'augmentation sur la dette publique.

Peu d'affaires de ce genre suffiraient pour *épuiser* les bourses les mieux garnies.

Ce résultat de l'*opération,* joint à la déclaration de M. le ministre des finances *qu'il ne trouverait pas à emprunter, même à 6 pour cent*, sont une preuve *claire*, nette et *peu compliquée*, qui devrait *convaincre,* non seulement les personnes qui ne s'occupent que de futilités, mais même celles qui, soit par *apathie*, soit par *relations d'affaires*, ou de *fonctions*, ou de *confiance*, ou de *position*, n'ont d'autre *impulsion* que celle qu'on leur communique,

Que l'*opération ruine* le *crédit* de l'État, et ne peut être qu'une *spéculation conçue*, *enfantée* et *soutenue* par l'*esprit* de l'*agiotage* et le *délire* de la *fièvre* à la *hausse*.

Mais un jour viendra où les MAISONS DE JEUX réaliseront leurs *énormes gains*, et, leurs affaires faites, abandonneront le *terrain de la Bourse*.

Tout *croulera* alors, et tout *s'abîmera*, au milieu d'un *bouleversement général*.

Le rentier éprouvera *perte* dans son *revenu* et dans son *capital*

Et l'État n'aura plus qu'à *regretter* la *perte* d'un *crédit passé.*

Puissent tant de *désastres* ne point nous *désoler* un jour !

Je le désire si vivement, que je forme des *vœux* pour être dans quelques années *qualifié d'insensé*, et pour être rangée dans la classe des hommes dont le *sens* n'est ni *sain* ni *droit.*

Admettons, sans tirer à conséquence, que, sur la place, l'intérêt de toutes les valeurs, *indistinctement*, soit, momentanément et réellement, à 4 pour cent.

Cette concession est certainement bien large.

Mais dans cette supposition,

Ou l'intérêt peu élevé n'aurait qu'une existence *passagère*,

Ou son existence serait *durable.*

Dans le premier cas, la réduction serait-elle fondée sur cette *délicatesse intègre* qui devrait *caractériser* un gouvernement aussi *puissant* que l'est celui de la France ?

Dès l'origine, le revenu des rentiers serait diminué par la réduction, et bientôt après, il le serait de nouveau par l'augmentation des marchandises, qui proviendrait, plus ou moins, de l'élévation *oscillante* de l'intérêt.

Serait-ce donc là de la *justice distributive ?*

Mais si, au contraire, l'intérêt peu élevé doit se *maintenir* et être *durable*, quel motif et quel besoin, on se le demande, non sans raison, y. aurait-il donc eu de *brusquer* une opération si *immense* dans ses *résultats*, et dans ses *conséquences?*

N'aurait-on pas dû se rappeler qu'une *précipitation*, je ne veux pas dire mal *fondée*, mais toutefois *existante*, puisque les besoins ne *commandaient* pas, et puisque même les *secours* ne sont venus qu'après les *chances heureuses*, aura *coûté* à la France plus de *soixante-deux* millions?

Dans cette alternative, il serait difficile d'échapper à ce *dilemme*.

L'importance d'un capital quelconque est toujours *relative*.

Les capitaux *engendrent* les *revenus;* les revenus *satisfont* les *besoins*, et *procurent* les *jouissances*.

En général, les placemens accordent leur prédilection aux *revenus*, et s'occupent peu du *capital;* les spéculations, au contraire, n'ont en vue que le *capital*, et s'occupent peu du *revenu*.

Comme dédommagement de la réduction d'un *cinquième* de leur *revenu*, on flatte les rentiers d'une augmentation d'un *tiers* dans leur *capital*.

Il est vrai qu'en même temps on semble annoncer, pour *apaiser* les défenseurs des contribuables, que cette *perte* pour les contribuables sera réellement *fictive*, puisque le remboursement n'aurait lieu que quand on y trouvera de l'*avantage*, autant vaudrait dire, serait *indéfini* dans son époque.

Il est également vrai qu'on rendrait *probléma-*

tique, même le remboursement par la caisse, en laissant *percer* la pensée qu'un jour on pourrait aussi la *réduire*.

Quoi qu'il en *survienne*, soit par *vente*, soit par *remboursement*, soit par *amortissement*, les rentiers les plus perpicaces et les plus diligens pourront, surtout aux premières époques, et quand bon leur semblera, *rentrer* dans leur capital.

Bien certainement, en s'y déterminant, ce sera pour faire *emploi*, car il est, *heureusement*, peu ordinaire qu'aucun capital reste *oisif*.

Si l'encaissement procuré par la vente dépasse alors la valeur nominale de l'effet, ce sera une preuve que l'intérêt de l'argent sera *moindre* qu'il ne l'était *primitivement*.

Dans ce cas, avec un capital plus fort, on ne pourra, ni satisfaire plus de besoins, ni se procurer plus de jouissances;

Qu'importera donc au rentier une augmentation de son capital, puisqu'il ne pourra y trouver une *compensation* de la *perte* bien réelle d'un *cinquième* de son *revenu*.

Ainsi, si l'intérêt *baisse*, et conséquemment si la valeur *vénale* de la rente *s'élève*, le rentier ne trouvera aucun *avantage* dans la *réalisation*, à sa convenance, d'un *capital* plus *considérable;* et il restera, *avant* comme *après*, avec le *regret* bien fondé d'une *diminution*, sans *compensation*, d'un *cinquième* de son *revenu*, et conséquemment dans la *réalisation* de ses *besoins* et de ses *jouissances*.

Si au contraire l'intérêt ne *diminue* pas , et plus encore s'il *augmente* ,

Le rentier pourra, après avoir vu *diminuer* son *revenu,* voir *diminuer* de même son *capital*, au lieu de le voir *s'augmenter*, ainsi qu'on l'en aurait *flatté;*

Dans ce cas , cette *proclamation* de M. le Ministre des finances serait sans application :

« La loi doit être égale pour tous , et l'action « de l'État sur les fortunes particulières dans la « même mesure pour toutes. »

M. le ministre des finances a dit, en outre :

« Dans une mesure injuste, l'exception est la « justice; dans une mesure juste, l'exception est « injustice. »

D'où l'on pourrait conclure, ce me semble, que le projet est *injuste*, puisque 57 millions de rentes sont exceptés de la réduction projetée.

Si la mesure était *juste*, il y aurait *injustice*, au moins dans son application, puisqu'une seule classe de contribuables, celle des rentiers, éprouverait une perte de revenu.

Cependant, des esprits *argutieux et bien portés* pourraient juger que la mesure est *juste*, puisque, en définitive , toute la masse des contribuables en souffrira , et d'une manière assez prononcée pour que chacun n'en perde jamais la mémoire.

M. le Ministre des finances a dit :

« On devait penser que la rente ayant atteint « le pair, s'y arrêterait , et que nous n'aurions pas

« immédiatement à lutter contre une hausse forcée,
« par suite de circonstances qui nous étaient tout-
« à-fait étrangères. L'Angleterre, par exemple,
« opérant une réduction sur 75 millions de rentes,
« de 4 pour 100 à 4 1/2 pour 100, a dû nécessai-
« ment, à la même époque où nos 5 pour 100
« arrivaient au pair, faire déverser sur nos rentes
« les fonds qui se *dégoûtaient* (c'est le Ministre
lui-même qui souligne) de cette conversion ; c'est
« de ces effets intérieurs d'une part, extérieurs de
« l'autre ; c'est de la situation politique dans la-
« quelle se trouvait le monde entier qu'est résultée
« la hausse de nos fonds publics, inopinée et im-
« prévûe, du moins, dans son élévation. »

Ainsi, de l'aveu même du Ministre,

La *hausse* de nos fonds publics, et conséquemment l'*abaissement* de leur taux d'intérêts, hausse
inopinée et *imprévue*, provient

1°. De la situation *politique* dans laquelle se
trouve le monde entier,

2°. De ce que les capitalistes anglais, *dégoûtés*
d'une nouvelle *réduction*, ont *deversé* leurs fonds
sur nos valeurs,

Bien certainement ces deux motifs d'influence
ne peuvent être envisagés dans leur essence que
comme bien *mobiles*.

Plus ou moins tôt, ils cesseront, c'est inévitable.

Dès lors, *plus ou moins tôt*, la *hausse* des fonds, et conséquemment l'*abaissement* de l'intérêt *cesseront*.

L'abaissement de l'intérêt ne serait donc pas durable, si, comme cela semble incontestable, les motifs d'influence présentés par M. le Ministre des finances, ne doivent pas et ne peuvent pas avoir de *fixité*.

Ainsi donc, je ne saurais trop le répéter, et chacun devrait se le répéter jusqu'à *satiété :*

Puisqu'on tenait, absolument, à une imitation *déplacée* par la *comparaison* des *positions*, il fallait ne pas se départir d'une émission à 4 pour cent.

L'opération, *heureusement*, ou *malheureusement*, aurait pu n'en pas moins avoir *lieu*; mais au moins elle aurait eu lieu en lésant seulement les rentiers, et en ne lésant pas les contribuables, même en les *soulageant*.

A quoi tiennent pourtant de si *grands résultats ?*

A une combinaison intéressée d'une demi-douzaine de traitans, qui *imposent* la *loi* d'une émission en trois pour cent au lieu d'une émission en quatre pour cent.

Me plaçant, pour un instant, bien au-dessus de ma sphère, je me fais l'illusion, dans un état de *rêve*, de composer à moi seul la vénérable Chambre des pairs.

Ayant, comme je l'ai, le *sentiment* le plus *intime* que plus des trois quarts des maux résultans du projet tiendront à cette faible nuance d'une émission en trois pour cent, au lieu d'une émission en quatre pour cent, je ne mettrais pas de *rigidité* dans les parties accessoires, mais j'exigerais impérieusement, comme condition absolue de l'adoption,

Que *l'émission se fît en quatre pour cent, au lieu de se faire en trois pour cent.*

Une fois ce devoir rempli, je m'embarrasserais peu que le projet eût ou n'eût pas d'exécution.

S'il n'en avait pas, je m'en *féliciterais;*

S'il en avait, j'attendrais les événemens pour prononcer définitivement sur ses chances éventuelles, qui, considérablement diminuées dans leurs conséquences directes, me donneraient infiniment moins *d'inquiétude.*

Je me *réveille*, et *humblement* je reprends ma place.

Voyons donc quels seraient les résultats d'une émission en quatre pour cent, et comparons ces résultats avec le résultat d'une émission en trois pour cent.

Pour racheter avec une dotation de 71,912,021 fr. les 157,472,192 fr. de 3 pour cent, à l'intérêt de quatre pour cent, il faudrait un laps de temps de

26 années, 7 mois, 6 jours.

Les pertes se composeraient ainsi qu'il suit :

Différence entre les débours pour les rachats,

et les encaissemens des rentes émises sans dotation
(page 135)................ 574,474,900 fr.

Excédant des débours des contribuables, pour le paiement continué de la dotation de la caisse, et des arrérages des rentes, pendant l'excédant de la durée de l'amortissement, en capital et en intérêts. 868,790,462.

Balance de compte en 1824, reportée à l'achèvement de l'amortissement, en capital et en intérêts
(page 134).............. 860,000,000.

2,303,265,362 fr.

Surcharge d'arrérages, depuis la balance de compte jusqu'à l'achèvement de l'amortissement, en capital et en intérêts (page 133)........ 1,638,626,374 fr.

Ensemble de la perte.... 3,941,891,736 fr.
Le bénéfice serait de.... 1,172,700,000 fr.

La perte nette serait donc de. 2,769,191,736 fr.
La perte sans réduction aurait été de........... 3,120,319,279.

Les avantages de la réduction s'élèveraient donc dans ce cas à .... 351,127,543 fr.

Le bénéfice avec émission en 4 pour cent, rachetés à leur valeur nominale, est de. . . . .   351,127,543 fr.

La perte en émission à 3 pour
cent, donnés à 75 et rachetés à leur valeur nominale, est
de. . . . .   3,000,004,121.

La différence est de. . . . .   3,351,131,664 fr.

On peut donc dire qu'une émission en 4 pour
cent, donnés à leur valeur nominale de 100 fr.
au lieu d'une émission à 5 p. cent, donnés à 75 fr.,
quoique leur valeur nominale soit à 100 fr., procurerait, comparativement, pour les contribuables,
une *différence*, en *bonification*, de

3,351,131,664 fr.

Qui, à 4 pour cent, représente un revenu de
134,045,266 fr.

Qui donc gagnera ce capital de 3,351,131,664 fr.?

Probablement les *traitans*, leurs *amis*, leurs
affidés, leurs *dépendans*, leurs *missionnaires*,
et leurs *prôneurs*.

Il aurait été bien préférable que les contribuables eussent profité de cet énorme capital,

Ce qui serait arrivé si, au lieu d'une émission
à 3 pour cent, on eût *proposé* et *obtenu* une
émission à 4 pour cent.

Un orateur de la Chambre des députés nous
avait fait concevoir à ce sujet une *lueur d'espoir*,
par la présentation d'un *amendement*, tendant à
une émission en 4 pour cent.

Malheureusement, cet espoir n'a pas été de

longue durée ; une seule nuit a suffi pour le dissiper.

Cette nuit, *fatale* pour nous, a *dénaturé* les dispositions primitives de l'orateur ; le ministre a *modifié ;* l'orateur a *consenti* à cette modification, et s'est *réduit* à une addition de mots bien *superflus*.

Donner le choix aux rentiers, entre 4 fr. en 4 pour cent à 100 fr., et 4 fr. en 3 pour cent à 75 fr., n'est-ce pas ajouter l'*ironie* à la *rigidité accablante* de la mesure !

Projet de la réduction des rentes, considéré en lui-même, abstraction faite de toutes autres considérations.

Pour faire apprécier, dans toute leur vérité, les *préjudices* que le projet de la réduction des rentes ferait *peser* sur nos têtes, j'ai établi, à divers cours des trois pour cent, le bilan général de notre situation pécuniaire, relativement aux émissions et aux rachats de nos 197,480,266 fr. de rentes.

Ce mode de présentation, qui ne néglige aucuns des élémens, assure la marche du trajet entre les deux extrêmes, et n'offre que des résultats incontestables, et des balances d'une exactitude rigoureuse.

Je pourrais donc, avec confiance, me borner à ces énoncés d'ensemble.

Mais comme il entre dans mon plan d'arriver, autant qu'il est en moi, jusque à la *religion* de tous mes genres de lecteurs, je vais présenter le projet de la réduction des rentes sous un nouvel

aspect tellement simple que ses résultats *désavan-*
tageux ne pourront manquer de porter la conviction dans l'âme des personnes qui auraient le
plus de tendance à l'adopter avec *complaisance.*

Je supposerai donc que, *respectant* les *engage-*
mens contractés jusqu'à ce jour relativement à
nos émissions de rentes, on éprouve de nouveaux
besoins.

Je supposerai en outre que, pour subvenir à ces
besoins, on se détermine à *négocier* des rentes
d'une nature *distincte* des 5 pour cent.

Je supposerai enfin que, pour obtenir ce double
but, on négocie, au cours de 75 fr., des 3 pour
cent émis au capital nominal de 100 fr. pour 3 fr.

Et je chercherai quels seraient, sous cet aspect
isolé, les résultats de la négociation, uniquement
influencés par le taux de l'intérêt des rachats.

La balance de ces résultats se composera de
deux élémens distincts.

Le premier de ces élemens sera *actif,* c'est-à-dire
procurera un *soulagement* aux contribuables. Ce
sera la bonification résultante du paiement d'un
intérêt à 4 pour cent, inférieur à l'intérêt légal de
5 pour cent.

Le second de ces élemens sera *passif,* c'est-à-
dire sera une *charge* pour les contribuables. Ce
sera le taux d'intérêt inférieur à 4 pour cent, auquel pourra se faire l'amortissement.

Admettons à cet effet, pour avoir une application directe avec notre espèce, une émission
de 137,471,192 fr. de rentes 3 pour cent.

Admettons, pour les traitans de cette négociation, une remise semblable à celle établie dans le projet de la réduction des rentes.

Déjà nous avons démontré,

1º Que moins le taux de l'intérêt de l'amortissement est élevé, et plus la durée de l'amortissement se prolonge ;

2º Que moins le taux de l'intérêt de l'amortissement est élevé, et moins la bonification pour les contribuables, résultante du moindre taux de l'intérêt de la négociation, est considérable ;

3º Que, pendant tout l'excédant de la durée comparative de l'amortissement, les contribuables ont à *continuer* un paiement d'arrérages et un paiement de dotation dont ils auraient été déchargés à l'achèvement de la durée de l'amortissement au taux de l'intérêt de l'émission.

D'où il résulte, relativement à la balance,

1º Que les rachats à taux d'intérêts moins élevés que celui de la négociation doivent faire marcher en sens contraire les deux élémens d'une semblable opération ;

2º Que la source des pertes doit suivre une marche croissante ;

3º Que la source des bénéfices doit au contraire suivre une marche décroissante.

Une telle *position chanceuse* ne pourrait être *supportable*, surtout pour le gouvernement, qu'autant que les ordres chanceux des probabilités seraient égaux de part et d'autre.

Mais si, au contraire, l'ordre des probabilités

des pertes est à l'ordre des probabilités des bénéfices comme 5 est à 1,

Et si l'ordre des résultats *désavantageux* suit
une progression croissante, tandis que l'ordre des
résultats *avantageux* suit une marche décroissante,

Il sera *évident* qu'il aurait été *préférable* de faire
une négociation à l'intérêt légal de cinq pour cent,
avec amortissement au même intérêt légal de 5
pour cent, plutôt que de faire une négociation à
l'intérêt de 4 pour cent, avec amortissement à un
taux inférieur à celui de 4 pour cent;

Et comme cette position est la *synonymie* exacte
du projet de la réduction des rentes, dégagé de
tous ses accessoires, il en résultera que

Le projet de la réduction des rentes, qui présente beaucoup plus de chances de pertes que de
chances de bénéfices, doit être rejeté par des chambres dont la *conscience* ne peut se prêter à des mesures d'éventualités chanceuses, et dont les *lumières* doivent *repousser* tout mode qui présente des
aspects de probabilités de pertes, comparativement
plus nombreuses que les probabilités de bénéfices.

Il est donc évident qu'adopter ce projet serait
continuer à *frayer* la voie des opérations à *grosses
aventures*.

Il serait cependant bien temps d'en sortir : car,
plus nous nous y *égarerons*, et plus il nous sera
difficile de revenir sur nos pas et de sortir de ce
labyrinthe.

« Tout est lié, dans le bien comme dans le mal,
« dans le vrai comme dans le faux : entrez dans la
« bonne voie, tous les résultats sont bons ; égarez-
« vous dans la mauvaise, tout vous tournera à
« mal. »

De la réduction des rentes, avec émission en quatre pour cent, et avec application du produit de la réduction à l'augmentation de la dotation de l'amortissement.

L'on s'était jusqu'ici flatté que l'un des mobiles du projet de réduction avait été le soulagement des contribuables.

D'après la direction qu'a prise la discussion, cet espoir n'a pas encore totalement disparu, quoiqu'il semble ajourné à dix-huit mois.

Dix-huit mois !

Dans notre position, c'est presque l'*éternité !*

Combien pendant ce laps de temps ne se passera-t-il pas d'événemens ?

Combien ne verrons-nous pas, probablement, de *changemens* dans la *direction*, dans les *intentions*, dans les *volontés*, peut-être même dans la *puissance d'agir*.

Mais sans ajouter à nos peines trop *réelles* des peines plus ou moins *éventuelles*, admettons que notre *espoir* ne sera pas *déçu*, et qu'ainsi ce serait les contribuables qui jouiraient, soit directement, soit indirectement, des avantages de la réduction.

Dans cette confiance, comme nous avons maintenant le temps d'y *réfléchir*, recherchons quel serait , pour l'application de ces avantages, le mode qui, *pécuniairement*, serait le plus *avantageux* aux contribuables.

Les modes d'application se réduisent à deux :

Le premier consisterait à diminuer les impositions du montant de la réduction.

Le second consisterait à donner à la caisse d'amortissement, qui réellement n'est que la caisse, le mandataire des contribuables, le montant de la réduction.

Dans l'un et l'autre cas, la réduction tournerait également, et en totalité, au profit des contribuables.

Nous venons de voir quel serait pour les contribuables l'avantage d'une réduction avec émission en quatre pour cent, et application immédiate de cette réduction pour tous les genres de contribuables.

Nous allons comparativement établir quel serait pour les contribuables l'avantage d'une semblable réduction avec application indirecte de cette réduction au soulagement des contribuables, par son emploi en dotation d'amortissement.

Dans ce second mode, la dotation de la caisse se composerait ainsi qu'il suit :

Arrérages des rentes déjà rachetées. . . . .   31,912,021 fr.

Dotation annuelle. . . . , .   40,000,000

Produit de la réduction sur

rentes (1). . . . .   28,096,053.

Ensemble. . . . .   100,008,074.

L'émission étant en 4 pour cent, l'intérêt réciproque serait de. . . . .   4 pour 0/0,

Pour racheter 137,462,192 fr. de rentes à
l'intérêt de 4 pour 100, avec une dotation de
100,008,074 fr., la durée de l'amortissement doit
être de. . . . . 22^{annees} 0^{mois} 17^{jours}.

Pour racheter la même somme de
rente à l'intérêt de 4 pour 100, avec
une dotation de 71,091,021, la durée de l'amortissement doit être de. 26—7—6—

L'augmentation de durée avec
moindre dotation est donc de. . . .4—6—19—

D'un côté la jouissance pour les contribuables,
résultante de la réduction, est plus prolongée.

Mais d'un autre côté la durée de la surcharge
d'arrérages, de la continuation des débours annuels, et de l'établissement de la balance primitive
de compte, est moins considérable.

De la balance de ces résultats en sens inverse
résulte, à l'avantage de la plus forte dotation de la
caisse d'amortissement, un avantage pour les contribuables de. . . . . 1,052,632,222 fr.

____

(1) Cet accroissement de dotation n'aurait lieu qu'à partir
du 1er janvier 1826.

On peut donc dire que, en supposant l'application de la réduction des rentes au soulagement des contribuables, ceux-ci auraient plus d'avantages à en faire emploi par la caisse d'amortissement plutôt que d'en faire emploi par leurs propres moyens.

Ce résultat suggère nécessairement une réflexion relativement aux quatre tableaux insérés dans le *Moniteur,* tableaux tendans à prouver l'avantage de la réduction des rentes.

Si, dans l'établissement des deux premières colonnes de ces tableaux, le rédacteur de l'article a eu de la *bonne foi*, on est forcé d'admettre que, *bien* certainement, il a la *main heureuse.*

En effet, au lieu d'appliquer immédiatement la réduction au soulagement des contribuables, il l'applique à l'amélioration de la caisse d'amortissement ;

Et il en tire la conclusion d'une diminution de durée résultante pour les contribuables de la réduction.

Avec plus de dotation, à égalité d'autres bases, la durée de l'amortissement doit être moindre : cela est incontestable, et saute aux yeux sans démonstration.

Mais tirer une conséquence de ce résultat, n'est-ce pas dénaturer la question?

Que *veut* le projet, ou plutôt que *fait espérer* le projet, d'après ses termes formels?

Application *immédiate* au soulagement des contribuables.

Les bases du rédacteur de l'article ne sont donc pas celles du plan.

Dans le plan, la dotation reste la même, après comme avant la réduction.

Dans les tableaux du rédacteur, la dotation de la caisse se trouve augmentée des 28 millions de la réduction.

Ces 28 millions seraient donc plus qu'un Protée, puisqu'en passant de main en main, ils profiteraient, jusqu'à concurrence de leur valeur nominale, à *tous*, excepté aux rentiers, *favorisés* d'une si heureuse *prédilection*.

Ils profiteraient, comme valeur nominale, en même temps,

> Aux *contribuables*,
> Aux *émigrés*,
> A l'amortissement.

Prenons-y garde : à force d'être retournées, les vives arrêtes de ce Protée pourraient s'émousser, et se transformer en tête de Méduse.

Livrons-nous à l'étude des chiffres, seraient bien capables de dire, après la lecture de l'article, certains euthousiastes, fiers d'un appui si glorieux : ils peuvent, entre nos mains, équivaloir à la pierre philosophale.

A la bonne heure, pourraient se dire les auditeurs calmes et impartiaux; mais nantissez-vous, avant tout, d'une logique quelque peu saine : car autrement,

Plus vous voudriez prouver *pour*, et plus vous prouveriez *contre*.

DERNIÈRE TENTATIVE.

En dernier ressort, il faut conclure à toutes fins.

Dans la position où nous nous trouvons placés, nous devons redouter, malgré tous nos efforts, que les rentiers ne soient sacrifiés.

S'il devait en être ainsi, nous devrions au moins reporter toute notre sollicitude sur les contribuables.

Pour améliorer leur situation, au lieu de la détériorer, il suffirait d'obtenir un amendement portant que l'émission se ferait en quatre pour cent, et que le produit de la réduction des rentes serait affecté à la dotation de l'amortissement.

Il faudrait enfin pouvoir faire prononcer, dans les *formes voulues* par nos *institutions*, que les frais de perception d'impositions ne pourraient plus, à l'avenir, dépasser 15 pour 100 du produit net, et que ce moindre débours serait, exclusivement, appliqué au soulagement des contribuables.

A la veille d'un danger imminent on se trouve doublement heureux d'avoir allégé un danger préexistant.

Telle serait définitivement alors notre position.

14

Voici ce que je proposerais à ce sujet.

On ferait la réduction d'un cinquième sur les rentes.

On appliquerait le montant de cette réduction à la dotation de la caisse d'amortissement.

L'on réduirait les frais de perception; et les 28 millions environ provenans de cette dernière réduction serviraient à alléger les charges des contribuables.

La caisse d'amortissement n'achèterait des rentes sur la place qu'autant que leur valeur vénale serait au-dessous de 100 fr. pour 4 fr.

Dans le cas où le cours serait plus élevé, la caisse d'amortissement emploierait ses fonds disponibles en achats d'autres valeurs du gouvernement, nécessitant un appui salutaire.

Voici, d'après ces bases, quels seraient les élémens des résultats de l'opération.

Nos rentes inscrites s'élèvent à 197,480,266 fr.

Les rentes rachetées s'élèvent à   31,912,021.

      Reste . . . . 165,568,245 fr.

A déduire pour réduction d'un cinquième . . . . 33,113,649.

Resterait passible de rachats. 132,454,596 fr.

Déduisant la portion *réduite,* réservée par la loi, savoir : . . . . . . 40,000,000.

Resterait en rentes à amortir. . 92,454,596 fr.

Dans ce nouveau plan, la puissance amortissante se composerait ainsi qu'il suit :

Arrérages des rentes rachetées. 31,912,021 fr.
Dotation annuelle........... 40,000,000.
Application de la réduction sur
rentes......................... 33,118,649.
    Ensemble .... 105.025,670 fr.

L'intérêt réciproque serait à 4 pour cent.

Pour racheter 92,454,596 fr. de rentes, à l'intérêt de quatre pour cent, avec une dotation de 105,025,670 fr., la durée de l'amortissement doit être de

15 années 7 mois 19 jours.

Le bénéfice pour les contribuables serait de
En arrérages. ....1,577,753,126 fr.
En capital, valeur nominale
de 100 fr. pour 4 fr., de...... 700,000,000.
    Ensemble........... 2,277,753,126 fr.

La perte se composerait ainsi qu'il suit :

Différence entre les débours pour les rachats au pair, et les encaissemens des rentes émises, sans réduction (page 135)......... 574,474,900 f.

Balance de compte en 1824, reporté à l'achèvement de l'amortissement, en capital et en intérêts (page 134)............ 559,450,000

Surcharge d'arrérages, depuis la balance du compte jusqu'à l'achèvement de l'amortissement (page 133)................. 754,427,024

Capital à 100 fr. pour 4 fr. des 40 millions de rentes immobilisées par la loi.............. 1,000,000,000

Total de la perte........ 1,888,351,924 f.
Le bénéfice serait de........ 2,277,753,126 f.

Il y aurait donc bonification de.................... 389,401,202 f.

Dans l'état actuel, sans réduction sur les rentes, et sans réduction sur les frais de perception d'impositions, la perte serait de.................... 3,120,319,279 f.

Il y aurait donc sous ce rapport un premier avantage dont l'importance s'élèverait a..... 3,509,720,481 f.

Y joignant l'avantage d'avoir échappé à la surcharge du projet de réduction ministériel laquelle

Report. . . . . 3,509,720,481 f.

résulta de l'émission à 75 fr.
de rentes en 3 pour cent et s'é-
lèvera à . . . . 3,000,004,121.

On aurait un avantage total de 6,509,724,602 fr.

Il serait donc matériellement vrai de dire que,

En rejetant le projet ministériel et en adoptant celui-ci,

On améliorerait le sort des contribuables d'une somme de

6,509,724,602 fr.

Qui, au taux d'intérêt de 4 pour cent, repré-sente un revenu de

260,388,984 fr.

Il ne resterait plus qu'à *justifier* la mesure con-tre les rentiers.

Certes, ce ne serait pas moi qui me chargerais de cette *mission*.

Si j'avais à prononce sur leur sort, toutes leurs *inquiétudes* seraient promptement *dissipées*, et toute *justice* leur serait rendue.

En cela je croirais faire,

Non seulement une chose *équitable*, mais bien plus encore une chose *profitable* aux intérêts de tous les contribuables, et même bien *certainement* à ceux de l'*État*.

Voici, dans ces suppositions, comment je con-cevrais la loi à intervenir.

1° Les 165,568,245 fr. de rentes rachetables se-raient soumis à une réduction d'un cinquième, et échangées contre des 4 pour cent, constitués à la valeur nominale de 4 fr. pour 100 fr.;

2° Conformément à la loi du 21 floréal an 10, 40 millions de ces rentes réduites resteraient immo-bilisés ;

3° Le montant des réductions de rentes serait affecté à la dotation de la caisse d'amortissement;

4° La caisse ne pourrait acheter des 4 pour cent que quand leur cours vénal serait inférieur à leur taux nominal de 100 fr. pour 4 fr. Lorsque leurs cours vénal serait plus élevé, la caisse emploierait ses fonds disponibles en achats de valeurs du gou-vernement, d'une réalisation facile, et nécessitant un appui salutaire;

5° A l'achèvement de l'amortissement, les rentes rachetées seraient annihilées, et leur annihilation, ainsi que la suppression de la dotation annuelle, tourneraient au profit des contribuables ;

6° Sous aucun prétexte, l'ensemble des frais de perception des contributions de toutes natures ne pourrait dépasser quinze pour cent du produit net ; la répartition de ces quinze pour cent serait fixée par des ordonnances ; les 28 millions environ qui proviendraient de cette réduction serviraient uniquement au soulagement des contribuables ;

7° Si, dans l'avenir, des besoins déterminaient à de nouvelles négociations de rentes, il serait établi un second grand-livre, distinct en tous points du premier, et les bases et les conditions de ces nouvelles négociations seraient fixées par la loi qui les autoriserait.

～～～～～～

CONSIDÉRATIONS

Sur les indemnités.

Des indemnités sont *dues*, et ont été *promises* aux émigrés.

Quelle en sera la *source ?*

M. le ministre des finances a dit à ce sujet que, dès sa rentrée dans ses États, le Roi a formé le *vœu* d'accorder, lorsqu'il le pourrait « sans im- « poser de nouvelles charges à ses peuples, une « indemnité à ceux qui avaient été les victimes de « l'horrible loi de la confiscation. »

L'horrible loi de la confiscation !

Cette phrase sort de la bouche de M. le président du conseil des Ministres.

Pour MM. les émigrés, sans doute c'est déjà quelque chose.

Mais, certes, ce n'est pas assez.

Un tel genre de consolation n'est pas suffisamment *substantiel.*

Premier point *incontestable.*

L'indemnité est un acte de *justice*, puisque le Roi forme le *vœu* de sa *réalisation.*

Mais comment atteindre cette réalisation ?

En finances, plus encore qu'en toute autre partie,

Rien ne peut engendrer *quelque chose;*

Or, sous l'aspect financier, tout ce qui, relativement aux dispositions de l'État, peut être considéré comme *quelque chose*, provient, soit de *débours supplémentaires* des contribuables, soit de *reviremens* d'application de *débours préexistans.*

Hors de là il n'existe qu'*illusion*, que *bases romantiques.*

On ne pourrait donc puiser des moyens d'indemnités que dans de *nouvelles charges*, ou que dans des *économies.*

Le premier de ces moyens serait pour l'instant inconciliable avec le vœu du Roi, exprimé par M. le Ministre des finances, d'indemniser les émigrés, « sans imposer de nouvelles charges à ses « peuples ! »

Sans imposer de nouvelles charges à ses peuples !

Une intention si *vénérable* est bien digne de la tendre *sollicitude* de notre monarque adoré.

Malheureusement, la puissance humaine a des *limites.*

Il n'est *possible* à personne, même aux têtes couronnées, de faire l'*impossible.*

L'attente des indemnités se trouverait-elle donc *réduite* à des *attentes d'économies,* ou, ce qui revient au même, à des *réductions* sur les *dépenses administratives?*

Des *réductions!*

La sensation *répulsive* de ce mot pourrait bientôt se trouver tellement prononcée, que l'administration elle-même, après en avoir amplement *usé,* pour les autres, se détermina, dans son intérêt, à le rayer de son vocabulaire.

Des *réductions* futures!

N'en adviendrait-il pas de celles-là comme de celles sur les rentes, dont M. le Ministre des finances parle en ces termes :

« La mesure, soumise à votre délibération, est « assez *féconde* en résultats heureux » (nous venons d'entrevoir quelques aperçus de ces résultats *heureux*) « pour que le Roi y trouve, ainsi que « S. M. vous l'a dit elle-même, et les *soulage* « *mens* pour ses peuples, et les *moyens* de fermer « les dernières plaies de la révolution. »

Avec *moins* que *rien,* faire *immensément!*

Serions-nous encore dans les siècles des miracles!

« Faire ressortir dans la discussion de la loi ,
« ajoute M. le Ministre des finances, toutes les
« conséquences heureures qu'elle doit avoir, ce
« serait, en termes vulgaires, *vendre la peau de*
« *l'ours avant de l'avoir tué ;* ce serait un partage
« de *dépouilles* (ce mot est *remarquable*) tout-à-
« fait *messéant.* »

MM. les émigrés, en fondant leur espoir sur le
produit, éventuellement avantageux, de la réduction des rentes dont, à tout événement, on a déjà
disposé, ne vendraient-ils donc pas aussi la peau
de l'ours avant qu'il ne soit *tué,* et ne parcoure-
raient-ils pas les *sentiers glissans* des châteaux en
Espagne ?

Dans quelle situation *perplexe* se trouvent donc
pour l'instant messieurs les émigrés.

Ils ne peuvent compter sur la *réduction* des rentes, parce que son produit, en supposant toutefois
son *existence,* est formellement assigné au *soulagement* de l'ensemble des contribuables.

Ils ne doivent pas davantage compter sur une
réduction de la dotation de la caisse d'amortissement, d'abord par ce que ce serait, en capital et en
intérêts, un motif de *nouvelles charges* pour les
contribuables ; en second lieu, parce que cette
charge serait tellement *ruineuse* pour l'état, que,
bien certainement, par suite de leur *dévouement*
au *roi* et à la *patrie*, ils seraient les premiers à la *repousser.*

Ils ne doivent enfin compter sur aucune *négo-*

ciation de nouvelles **rentes**, ou de toute autre valeur, parce que ces négociations seraient , sous le rapport du revenu et sous celui du capital, un *accroissement* de *charges* pour les contribuables.

Quelle *fatalité* continuerait donc à poursuivre messieurs les émigrés !

Devraient-ils long-temps encore être condamnés à ne rencontrer autour d'eux que *sable mouvant?*

Rassurons-nous.

Ceux qui ont *souffert* sont aussi près de *jouir,* que ceux qui ont *joui* sont près de *souffrir.*

Ne perdons donc pas *courage.*

Avec *tenacité* et *bon droit,* on ne doit *désespérer de rien.*

Labor improbus omnia vincit.

Aide-toi, le ciel t'aidera.

~~~~~~~~~

De la perte occasionée par le projet de la réduction des rentes , déduite des propres bases posées comme des faits positifs par M. le Ministre des finances.

M. le Ministre des finances a dit, dans un de ses discours à la tribune :
~~~~~~~~~

« Vous savez comme nous que si vos 5 pour 100
« étaient dégagés de la crainte du remboursement
« ils monteraient à 110 à 115 fr. »

115 fr. pour des 5 pour 100, *non réduits*, correspondent au prix de 86 fr. 25 c. pour des 3
pour 100 substitués aux 5 pour 100 *réduits* d'un
cinquième.

Le cours de 85 fr. 25 c. pour les 3 pour 100 ne
peut donc être problématique.

M. le Ministre l'*assure ;* donc c'est *vrai ;* donc
il ne peut *récuser* cette *fixation.*

Recherchons donc quel serait le résultat de
notre bilan général, d'après le cours de 86 fr.
25 c., pour les 3 pour 100; cours que signale
comme *positif* M. le Ministre des finances, ce
en quoi il rencontrera probablement bien peu
de contradicteurs ; cours que tout observateur
perspicace et expérimenté pourrait même presque
garantir, en prenant seulement la marge d'une
année.

Dans le cas de réduction, la durée de l'amortissement, au cours de 86 fr. 25 c. pour 3 fr.

	ans	mois	jours
serait de (1)................	30	7	8.
Dans le cas de non réduction, elle ne serait que de.........	23	9	15.
La prolongation de durée de l'amortissement serait donc de	6	9	23.

____

(1) Voyez, pour les premières bases, la page 137.

L'intérêt réciproque serait de 3. 478 pour 100.

Le bénéfice pour les contribuables serait, eu principal et en intérêts, de... 1,099,200,000 fr.

La perte se composerait ainsi qu'il suit :

Différence entre les débours, pour le rachat au pair, et l'encaissement des rentes émises, sans réduction (page 135)........ 574,474,900 fr.

Excédant des débours des contribuables, sans réduction, pour le paiement continué de la dotation de la caisse, et des arrérages de rentes, pendant l'excédant de la durée de l'amortissement, en capital et en intérêts........ 1,943,500,000.

Balance du compte de 1824, reportée à l'achèvement de l'amortissement, en capital et en intérêts (page 134)........... 862,700,000.

Surcharge d'arrérages, depuis la balance de compte jusqu'à l'achèvement de l'amortissement (page 133)............. 1,884,500,000.

Ensemble........... 5;265,174,900 fr.

Le bénéfice serait de...... 1,099,200,000.

La perte réelle serait donc de 4,165,974,900 fr.

La perte sans réduction n'aurait été que de........... 3,120,319,279.

La perte occasionée par la réduction, serait donc de.... 1,045,655,621 fr.

RÉSUMÉ.

En *définitive*, voici quelle serait la situation des contribuables, avec réduction, et avec rachat des 3 pour cent, au pair de 100 fr. pour 3 fr.

La dette primitive des contribuables s'élève à . . . . 3,372,983,216 fr.

La portion de cette dette, contractée depuis la restauration, s'élevait à 2,106,830,576 fr.

On aurait payé les intérêts de cette dette pendant

43 années 6 mois.

L'ensemble des débours des contribuables, pour acquitter la dette primitive, se serait élevé à

9,493,306,616 fr. (1).

Qui, au denier vingt, représenteraient, à partir de l'achèvement de l'amortissement, un revenu de

474,665,330 fr.

---

(1) Cette perte devrait bien réellement s'augmenter des 2,200,000 fr. résultans de la privation d'un cinquième dans les jouissances d'importations, perte qui, pour l'Etat, est *absolue*.

La réduction enlèverait aux rentiers le *cin-quième* de leur *revenu, perte* qui s'accroîtrait encore par la *quote part contributive* des rentiers dans les *pertes générales* des contribuables.

Nous étions déjà si *lésés*, pourraient surtout dire ces derniers, que nous ne devions pas craindre de devoir nous *résigner* à ne pas obtenir de *soula-gement réel* et *durable* avant le

1er juillet 1858 *au plus tôt.*

Je dis au plus tôt : car si on joignait à la pre-mière *faute*, la *faute* non *moins grave de négocier des rentes à bas prix*, à moins de se déterminer à ne jamais rembourser, il n'existerait pour ainsi dire plus de terme à nos souffrances.

Etre *malheureux* toute notre vie, être assurés que nos *neveux* le seront encore plus que *nous,*

Quelle *perspective !*

Voilà pourtant où peut nous conduire un mo-ment d'*erreur*, ou de *condescendance mal enten-due.*

« En *politique*, comme en *finances*, comme
« dans la *vie privée*, un seul moment *d'ambition*,
« *d'avidité*, *d'improbité*, *d'incapacité*, *d'incurie*
« ou même *d'irréflexion*, est souvent, pour les
« *Etats* comme pour les *particuliers*, la source
« *éloignée*, mais *inévitable*, des *bouleversemens*
« et des *tourmentes*. »

En *définitive*, la réduction aurait prolongé pendant près de douze années la gêne et la souffrance des contribuables.

Quelles ne sont pas, pendant douze années, les chances possibles d'une nation en convalescence de tourmentes !

On aurait *reculé* de plus de *seize années* la *suppression* d'au moins 400 millions de *charges*, aussi *pesantes* par leur *nature* que par leur *mode* de perception, *suppression* qu'un *bon plan de finances* aurait *procurée*.

Au premier aspect, les résultats que je viens de présenter peuvent sembler plus que *gigantesques;* ils ne seront pas moins complétement conformes à la vérité.

Je supplie donc mes lecteurs, *au nom de l'intérét de l'Etat,* de vérifier par eux-mêmes si je n'ai pas complétement raison.

Cette marche leur procurera deux avantages :

Celui de ne plus me lire, s'ils me jugent en *démence ;*

Celui bien plus puissant d'avoir encore de nouveau *sauvé l'Etat*, si *je dis la vérité.*

Je m'expose *bénévolement*, je le sais, et sans

aucun genre d'intérêt, à la *punition* la plus *poignante* qui puisse *atteindre* un homme qui n'a pas encore perdu le sentiment de sa *capacité*, à un arrêt de *déraison*.

En compensation, j'ái le droit, *dans l'intérêt de l'Etat*, de réclamer, avec une humble *déférence*, de n'être pas jugé sans examen approfondi.

Ce n'est pas là un objet d'une faible importance; dans ses résultats, et dans ses conséquences, il n'en a peut-être pas existé en tous genres, depuis la restauration, qui ait été plus digne d'être mûrement approfondi.

Dans ces examens, ne perdons surtout pas de vue ces deux vérités :

« Tout est lié dans le bien comme dans le mal, « dans le vrai comme dans le faux : entrez dans la « bonne voie, tous les résultats sont bons; égarez- « vous dans la mauvaise, tout vous tournera à « mal. »

A leur naissance, les fautes financières n'apparaissent que comme un point de mirage. Bientôt elles engloutissent tout ce qu'elles enveloppent.

Profession de foi.

Le désir d'être utile à mes compatriotes, que mon cœur et mon imagination placent au rang le plus *élevé* du globe, a dicté cet écrit.

Je l'ai rédigé avec des *intentions pures*, et avec un *sentiment intime* de l'*évidence* de ses *résultats*.

J'ai écarté, autant qu'il a été en moi, la *chaleur* des controverses, et j'ai cherché à ne pas m'écarter de la *modération* que commande, en général, la *sensation* de *conviction*, et que commandait plus particulièrement, en cette circonstance, *l'importance* des objets que j'ai cherché à *approfondir*.

Puissé-je fixer l'attention des personnes dont *j'ambitionne*, particulièrement, les *suffrages !*

J'ai le bonheur d'être *Français ;* je ne suis *dépendant* que de mon entier *dévouement* à mon *Roi* et à ma *patrie*, que j'aime par-dessus tout ; j'ai le *sentiment* de ma *conscience*, et du mal *imminent* que je *redoute :*

Fussé-je donc encore sous le *régime impérial ;*

Dussé-je pressentir un nouveau *bail* de dix-huit mois *d'emprisonnement,*

Je proclamerais , jusqu'à *extinction de forces*, toutes les vérités que renferme cet écrit.

Puisse notre bonne étoile ne pas permettre qu'on ne les apprécie, et qu'on ne leur rende justice, que quand il n'en serait plus temps !

Nobles Pairs, jouissez de la faveur que le ciel vous a accordée , en vous mettant à même de prononcer, définitivement, sur le sort futur de la *Grande-Nation*.

ARMAND SÉGUIN.

TABLE.

Pag.